CHRISTIN SPRINGER

WILHELMSBURG & ELBINSELBUCH

FINKENWERDER, KIRCHDORF, REIHERSTIEGVIERTEL, STEINWERDER /
KLEINER GRASBROOK, VEDDEL UND WILHELMSBURG-MITTE

W0179287

JUNIUS

1 FINKENWERDER

2 STEINWER
KLEINER G

REIHERSTIEGVIERTEL **5**

INHALT

EINLEITUNG

Immer wieder haben Naturgewalten in der Flusslandschaft der Hamburger Elbinseln ihre Spuren hinterlassen. So erstreckte sich Gorieswerder, die größte der zum Ende der letzten Eiszeit entstandenen Inseln, noch im 12. Jahrhundert von Finkenwerder bis zur Peute (Veddel). Im späten Mittelalter wurde sie durch Sturmfluten in viele kleine Inseln zerteilt, aus denen sich später die heutigen Stadtteile Altenwerder, Finkenwerder, die Veddel und Steinwerder entwickelten. Aber auch menschliche Eingriffe, Eindeichungen und Strombaumaßnahmen wie der Bau von Hafenbecken oder die Vertiefung der Fahrrinne verändern diese Landschaft bis heute.

Die geologische Geschichte der Hamburger Elbinseln reicht bis in die vorletzte Eiszeit, die Saale-Kaltzeit, zurück, die vor etwa 200 000 Jahren begann. Damals bedeckten gigantische Eismassen zum vorletzten Mal große Teile Norddeutschlands. Das von den Gletschern mitgeführte Gestein führte zur Entstehung einer Altmoränenlandschaft, die durch Täler gegliedert war. Gegen Ende der Eiszeit entwässerten diese Täler in einen Vorläufer des Urstromtals der Elbe. Unter dem Urstromtal versteht man den 300 Kilometer langen Abschnitt des heutigen Elbtals zwischen der Stadt Genthin in Sachsen-Anhalt und Cuxhaven, wo die Elbe in die Nordsee mündet. Richtig ausgeformt wurde das Urstromtal aber erst, als die folgende Eiszeit, die Weichsel-Eiszeit, vor rund 20 000 Jahren zu Ende ging und große Mengen Schmelzwasser über die Täler von Alster, Wandse, Glinder Au und Bille zur Elbe hin abgeführt wurden. Als Sammelrinne der Schmelzwasser entstand das acht bis zwölf Kilometer breite Urstromtal. Begrenzt wird es zum Teil von Geesthängen wie in Blankenese oder am Nordrand der Harburger Berge.

Das Abschmelzen der Eismassen ließ zudem den Meeresspiegel ansteigen, sodass sich der Einfluss der Nordsee-Gezeiten auch weit stromaufwärts bis auf die Höhe Hamburgs bemerkbar machte und macht. Zweimal am Tag kommt die Elbe seitdem vollkommen zum Stillstand und flutet dann zurück. Die mitgeführten sandigen und schlickigen Sedimente hatten erheblichen Einfluss auf die Entstehung von Marschen und Mooren. Das Zusammentreffen der täglichen Hochwasserwelle mit dem Wasser, das von der Quelle flussabwärts strömte, führte zu einem Gezeitenstau. Die Elbe verlagerte und verzweigte sich, es bildeten sich Priele und Nebenelben sowie Sände und Werder (Inseln), das Stromspaltungsgebiet mit Norder- und Süderelbe entstand. Erst 15 Kilometer flussabwärts vereinigt sich der Strom wieder.

Über menschliches Leben in diesen eisigen Zeiten gibt es kaum gesicherte Erkenntnisse. Gegen Ende der letzten Eiszeit sollen regelmäßig

STROMSPALTUNGSGEBIET DER ELBE, 1716

PROSPECT und GRUNDRIS der KEISERL. FREYEN REICHS und ANSEE STADT HAMBURG samt ihrer GEGEND erlärt durch IOH. BAPT HOMANN in Nürnberg

Rentierjäger das Urstromtal durchstreift haben. Fundstücke wie ein Feuersteinbeil und eine Hirschhornaxt deuten darauf hin, dass sich auf der heutigen Insel Wilhelmsburg schon etwa 1500 v. Chr. Jäger und Fischer aufgehalten haben. Das Leben auf dem flachen Marschland zwischen Geest und Elbe war aber wegen der Sturmfluten gefährlich. Eine dauerhafte Besiedlung wurde erst nach der Einführung des Deichbaus vor rund tausend Jahren möglich. Doch auch danach ertranken immer wieder Tausende Menschen hier im Elbwasser.

Während die Hamburger Elbinseln also eine gemeinsame landschaftliche Entstehungsgeschichte haben, war ihre politische Situation lange Zeit sehr unterschiedlich. Der Norden der über viele Jahrhunderte in zwei Herrschaftsbereiche geteilten Insel Finkenwerder kam schon 1446 zu Hamburg, der Süden wurde wie die Insel Wilhelmsburg erst mit dem Groß-Hamburg-Gesetz von 1937 eingemeindet. Zuvor gehörte er wie auch Wilhelmsburg zum Herzogtum Braunschweig-Lüneburg, dann zum Königreich Hannover und zuletzt zu Preußen. Die ehemals dänischen Inseln Steinwerder und Veddel erwarb Hamburg im Rahmen des Gottorper Vertrags, der 1768 zwischen dem dänischen Königreich und der Hansestadt Hamburg geschlossen wurde und gegenseitige Gebietsabtretungen sowie die Anerkennung Hamburgs als Freie Reichsstadt zum Inhalt hatte. Steinwerder und der Kleine Grasbrook wurden 1871 Vorort und 1894 – wie auch die Veddel – Stadtteil Hamburgs.

Auch die weitere Entwicklung der Elbinseln war nicht einheitlich. So lebten die Menschen in Finkenwerder jahrhundertelang vom Fischfang und von der Landwirtschaft, ehe hier im 20. Jahrhundert mit dem Großschiffs- und Flugzeugbau die Industrialisierung einsetzte. Dennoch hat sich die einstige Insel noch mancherorts ihren ländlichen Charakter bewahrt. Der Kleine Grasbrook und Steinwerder dienten schon Mitte des 19. Jahrhunderts als Erweiterungsfläche für den boomenden Hamburger Hafen. Da die Stadtteile sich innerhalb des 1888 eingerichteten Freihafens befanden, musste die hier ansässige Wohnbevölkerung weichen. Erst 2013 wurde der Hamburger Freihafen aufgelöst. Auf der Veddel entstand ab

Ende der 1870er Jahre das erste Wohnquartier für Arbeiter, in den 1920er Jahren folgte eine Großsiedlung nach Plänen Fritz Schumachers, deren Bauten den Stadtteil bis heute prägen. Die zur Veddel gehörende Peute dagegen ist inzwischen ein reines Industriegebiet. Wilhelmsburgs dauerhafte Besiedlung begann im 14. Jahrhundert, als erste Teile der Insel eingedeicht wurden. Wie in Finkenwerder verdienten die Menschen auch hier lange Zeit ihren Lebensunterhalt in erster Linie mit Fischfang, Viehzucht und Ackerbau, ehe sich 1889 im Nordwesten der erste von zahlreichen Industriebetrieben ansiedelte. Während das historische Zentrum Wilhelmsburgs, Kirchdorf, seinen dörflichen Ursprung noch deutlich erkennen lässt, hat sich das Reiherstiegviertel mit seiner Gründerzeitbebauung zu einem multikulturellen Wohnquartier entwickelt. Wilhelmsburg wie auch die Veddel wurden lange Zeit von der Hamburger Politik vernachlässigt und sind erst Anfang des 21. Jahrhunderts verstärkt in den Blickpunkt gerückt. Städtebauliche Maßnahmen wie der »Sprung über die Elbe«, die Internationale Bauausstellung (IBA) und die internationale gartenschau (igs) sollen nun helfen, die Stadtteile aufzuwerten. So ist in den vergangenen Jahren rund um den S-Bahnhof Wilhelmsburg mit zahlreichen neuen und avantgardistischen Bauten eine »Neue Mitte« des Stadtteils entstanden.

Zur Erkundung dieser und anderer Besonderheiten lädt dieses Buch ein. Fünf Spaziergänge führen durch Finkenwerder, Veddel, Kirchdorf, das Reiherstiegviertel sowie die Mitte Wilhelmsburgs und vertiefen in Exkursen spezielle Stadtteilthemen. Die Hafenstadtteile Kleiner Grasbrook und Steinwerder lassen sich am besten auf einer Fahrradtour erkunden. Jeder Rundgang schließt mit einer kleinen, subjektiv geprägten Auswahl an Cafés, Restaurants, Hotels und Läden sowie Hinweisen zu Sportangeboten, kulturellen und sozialen Einrichtungen im Stadtteil. Am Anfang des Buchs verschafft eine Chronik einen historischen Überblick.

CHRONIK

1189	Kaiser Friedrich I., genannt Barbarossa, verleiht Hamburg in einem Freibrief das Stapelrecht (vgl. S. 28) und andere Privilegien wie die Zollfreiheit bis zur Nordsee.
1227	Graf Adolf III. von Schauenburg schenkt Erzbischof Gerhard von Bremen den südlichen Teil Finkenwerders, der Norden bleibt bei den Schauenburgern: Beginn der politischen Trennung Finkenwerders.
1236	Der Süden Finkenwerders gelangt zum Herzogtum Braunschweig-Lüneburg.
1248	Die Allerkindleinsflut trennt Altenwerder und Finkenwerder von der Elbinsel Gorieswerder ab.
1333	Beginn der Eindeichung Wilhelmsburgs durch das Adelsgeschlecht der Schacken
1446	Hamburg erwirbt den Norden Finkenwerders.
1672	Georg Wilhelm Herzog zu Braunschweig-Lüneburg erwirbt Stillhorn sowie die Elbinseln Rotehaus und Georgswerder und vereinigt sie mit seinen Besitzungen am Reiherstieg zur Herrschaft Wilhelmsburg.
1701	Der Süden Finkenwerders gelangt zum Königreich Hannover.
1705	Die Herrschaft Wilhelmsburg geht im Königreich Hannover auf.
1768	Durch den Gottorper Vertrag fallen Steinwerder, Veddel und die Peute an Hamburg.

HISTORISCHE DARSTELLUNG EINER DEICHÜBERFLUTUNG

1811	Auf der Veddel leben 18 Menschen.
1866	Der Süden Finkenwerders und Wilhelmsburg werden preußisch; Einweihung des Sandtorhafens für Dampfschiffe
1871	Der Kleine Grasbrook und Steinwerder werden Vororte Hamburgs.
1877	Gründung der Werft Blohm & Voss auf Steinwerder
1881	Die Hamburger Bürgerschaft stimmt dem Zollanschluss an das Deutsche Kaiserreich zu.
1885	Gründung der Hamburger Freihafen-Lagerhaus-Gesellschaft (heute HHLA)
1888	Hamburg wird in die Zollgrenzen des Deutschen Kaiserreichs eingegliedert, der Hamburger Freihafen wird eingerichtet, mit der Eröffnung des Segelschiffhafens dehnt sich der Hamburger Hafen auf das südliche Elbufer aus.
1889	Beginn der Industrialisierung in Wilhelmsburg

10

1894	Der Kleine Grasbrook und Steinwerder werden Hamburger Stadtteile.
1901	Eröffnung der Auswandereranlage auf der Veddel
1905	22 360 Menschen leben in Wilhelmsburg.
1911	Eröffnung des St.-Pauli-Elbtunnels
1918	Gründung der Deutschen Werft AG in Finkenwerder
1919	Der Norden Finkenwerders wird Vorort Hamburgs.
1927	Vereinigung von Wilhelmsburg und Harburg zur preußischen Großstadt
1932	Auf der Veddel leben 13 500 Menschen.
1936	Beginn des Flugzeugbaus in Finkenwerder
1937	Im Zuge des Groß-Hamburg-Gesetzes werden unter anderem der Süden Finkenwerders und Wilhelmsburg nach Hamburg eingemeindet.
1962	Die Flutkatastrophe fordert in Hamburg 315 Menschenleben, über 200 Wilhelmsburger ertrinken.
1965	Der Hamburger Senat beschließt, den Westen Wilhelmsburgs (Reiherstiegviertel) als Wohnviertel aufzugeben und für gewerbliche Zwecke auszuweisen.
1968	Beginn der Containerisierumg im Hamburger Hafen
1973	Die Howaldtswerke-Deutsche Werft AG (ehemals Deutsche Werft AG) stellt ihren Betrieb ein.
1975	Die Stadt Hamburg beginnt mit Sanierungs- und Modernisierungsmaßnahmen im Reiherstiegviertel.
1976	Fertigstellung der Hochhaussiedlung Kirchdorf-Süd
1999	Eröffnung des Hafenmuseums in den 50er-Schuppen auf dem Kleinen Grasbrook
2001/2002	Zukunftskonferenz Wilhelmsburg, Bürger erarbeiten mit Vertretern aus Behörden und Verwaltung sowie Fachleuten Konzepte für die Zukunft Wilhelmsburgs.
2004	Die Stadt Hamburg stellt das städtebauliche Projekt »Sprung über die Elbe« vor, die Hamburgische Woh-

nungsbaukreditanstalt beginnt, mit einem Mietkostenzuschuss das günstige Wohnen von Studenten auf der
Veddel und in Wilhelmsburg zu fördern.

2005   Die Hamburger Bürgerschaft beschließt die Ausrichtung einer Internationalen Bauausstellung (IBA) auf der
Veddel, in Wilhelmsburg und in Harburg.

2007   Auftaktjahr der Internationalen Bauausstellung (IBA)
Hamburg

2008   Der Stadtteil Wilhelmsburg wird dem Bezirk Hamburg-
Mitte zugeordnet.

2013   Der Hamburger Freihafen wird aufgelöst; Präsentati-
onsjahr der Internationalen Bauausstellung (IBA) Hamburg und der internationalen gartenschau (igs)

FINKENWERDER

1

Fähranleger Finkenwerder ★ Ehemalige Deutsche Seemannsschule ★ Gorch-Fock-Halle ★ Steendiek 29 ★ Fischereihafen am Kanalstack ★ Sandhöhe/Auedeich ★ Aueschule ★ Ehemalige Grenze Finkenwerder Nord und Süd ★ St.-Nikolai-Kirche ★ Siedlung Ostfrieslandstraße ★ Rüschpark

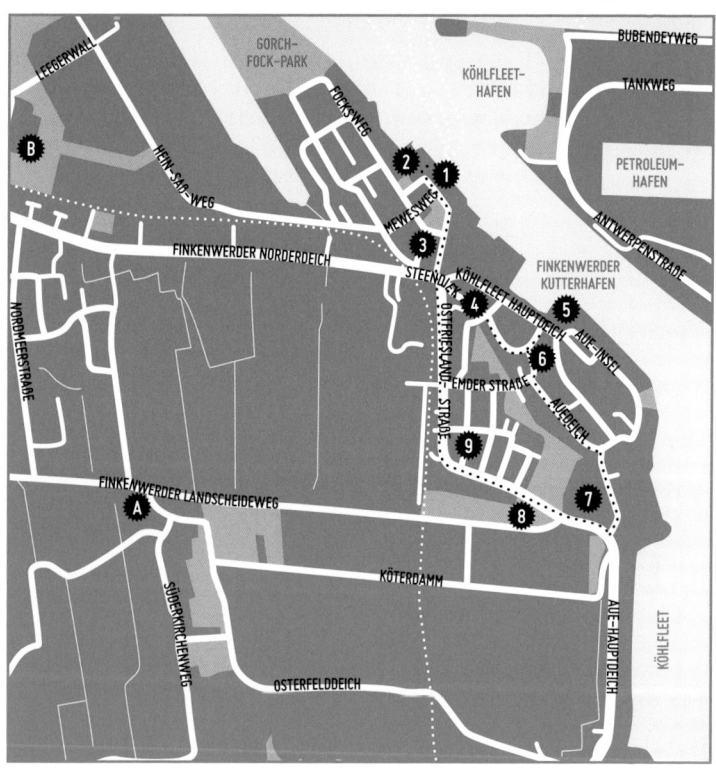

STARTPUNKT: Fähranleger Finkenwerder (Hadag-Fähre / Linie 62)
ENDPUNKT: Ostfrieslandstraße 41 (Haltestelle Emder Straße / Buslinie 150)
DAUER: etwa 1,5 Stunden

Finkenwerder steht ein wenig im Schatten der feineren Stadtteile Nienstedten und Blankenese, die gegenüber, auf der Nordseite der Elbe, liegen. Dabei hat sich der Stadtteil trotz Industrialisierung an manchen Stellen noch den Charme des früheren Fischer- und Bauerndorfes bewahrt und ist auf jeden Fall einen Besuch wert. Finkenwerder entstand vermutlich in der Allerkindleinsflut vom 28. Dezember 1248, in deren Folge Finkenwerder und Altenwerder von der Flussinsel Gorieswerder abgetrennt wurden. Umgeben von Norder- und Süderelbe, war Finkenwerder fortan eine Insel und sollte es fast 800 Jahre lang bleiben (Abb. 1 + 2). Während der Norden Finkenwerders bereits seit 1446 zum Hamburger Staat gehört, unterstand der Süden bis 1937 zunächst dem Herzogtum Braunschweig-Lüneburg, dann dem Königreich Hannover und schließlich Preußen.

1 FAHRWASSER DER ELBE, KARTE VON 1811

1 FÄHRANLEGER FINKENWERDER

»Wat willst in Cuxhoben?
Wat willst in de Lüh? –
Finkwarder is scheuner
Un veel dichter bi!«

So dichtete um 1900 der auf Finkenwerder geborene Schriftsteller Johann Wilhelm Kinau (1880–1916), besser bekannt unter dem Namen Gorch Fock. Um diese Zeit blühte auf der Insel das Geschäft mit den Ausflugsgästen, die vor allem wegen der schönen Landschaft kamen. Doch auch kulinarische Genüsse warteten auf die Besucher, denn die Einheimischen hatten die neuen Einnahmequellen schnell erkannt und Gaststätten wie den »Finkenwärder Hof«, das »Fährhaus Butendeich« oder den Gasthof

»Harmonie« eröffnet (Abb. 3 + 4). Seezunge, Steinbutt und Scholle: Serviert wurde frisch vom letzten Fang der Kutter. Den regen Wochenendverkehr ermöglichte eine Dampferverbindung zwischen den Landungsbrücken und Finkenwerder, die bereits 1860 eingerichtet worden war.

3 GÄSTEHAUS »ZUR ERHOLUNG«, UM 1910

Seit 1870 gab es dann eine planmäßige Verbindung, und dreißig Jahre später übernahm die Hadag Seetouristik und Fährdienst AG die Linie Hamburg–Finkenwerder. Die Schiffsverbindung brachte die Elbinsel Hamburg ein ganzes Stück näher und ließ die Bewohner Finkenwerders mobiler werden. Viele Insulaner fanden ihren Arbeitsplatz nun im Hafen oder in der Stadt, und Schüler besuchten das Gymnasium in Hamburg. Auch um sich zu amüsieren, fuhr man gern aufs »Festland«. Samstagnacht verkehrte der letzte Dampfer erst um zwei Uhr morgens ab Landungsbrücken, die Stimmung während der eine Dreiviertelstunde dauernden Fahrt wird ausgelassen gewesen sein, denn die Fahrgäste kannten sich untereinander und hatten sich zuvor meist auf St. Pauli vergnügt. Heute fährt die letzte Fähre um 23.45 Uhr, doch gibt es längst andere Wege, die nach Finkenwerder führen. 1930 wurde mit der Helferich-Brücke eine Straße nach Altenwerder geschaffen, und Finkenwerder verlor damit seinen

4 FÄHRHAUS, UM 1900

Inselstatus. Durch den Bau der Köhlbrandbrücke 1974 und des Elbtunnels 1975 erhielt der einstige Fischerort eine schnell erreichbare Straßenverbindung nach Hamburg. Mit der jahrhundertelangen Abgeschiedenheit war es nun endgültig vorbei, denn stetig steigender Verkehr führte dazu, dass bis 2012 täglich rund 20 000 Fahrzeuge über den Finkenwerder Norderdeich Richtung Altes Land donnerten. Erst die kürzlich eingeweihte, südlich der Alten Süderelbe verlaufende Umgehungsstraße ließ die Bewohner Finkenwerders aufatmen.

Wir verlassen nun über die Brücke den Fähranleger und sehen rechter Hand das Gebäude der ehemaligen Deutschen Seemannsschule.

👓 KÜNSTLER IN FINKENWERDER

Ende des 19. Jahrhunderts bestiegen einige Hamburger Maler den Raddampfer an den Landungsbrücken und machten sich auf den Weg, das Leben auf Finkenwerder mit Farben und Pinsel festzuhalten. Sie gehörten zu den Gründungsmitgliedern des Hamburgischen Künstlerclubs von 1897 und folgten dem Ruf des damaligen Direktors der Hamburger Kunsthalle, Alfred Lichtwark (1852–1914), die hamburgische Landschaft zu malen. Lichtwarks Ziel war es, Einheimischen und Besuchern die Schönheit von Elbe und Alster nahezubringen. Gleichzeitig hoffte er, durch die Wahl vertrauter Motive im konservativen Hamburger Kunstpublikum Verständnis für moderne Malweisen zu wecken, denn die von ihm beauftragten Künst-

CARL PUVOGEL, »DIE ELBE BEI FINKENWÄRDER«, 1911

ler waren Anhänger der Freilichtmalerei, das heißt, sie malten nicht im Atelier, sondern nutzten das natürliche Licht der Umgebung. Auf Finkenwerder entstanden unter anderem die Gemälde »Sommertag auf Finkenwerder« von Friedrich Schaper, »Abendstimmung in einem Fischerhaus auf Finkenwerder« von Julius von Ehren, »Im Krämerladen auf Finkenwerder« von Paul Kayser und »Stube auf Finkenwerder« von Arthur Siebelist. Lichtwark unterstützte die Künstler, indem er ihre Arbeiten für die von ihm ins Leben gerufene »Sammlung von Bildern aus Hamburg« erwarb. Auf diese Weise gelang es ihm nach anfänglichen Anfeindungen, den Impressionismus in Hamburg salonfähig zu machen.

Der Treffpunkt der Maler, der Gasthof »Harmonie« am Auedeich 94, wurde im Zweiten Weltkrieg leider ausgebombt und später abgebrochen.

2 ORTSAMT / EHEMALIGE DEUTSCHE SEEMANNSSCHULE, BUTENDEICHSWEG 2

Das 1912/13 im Heimatstil errichtete Gebäude beherbergte bis 1919 die Deutsche Seemannsschule (Abb. 5). Auf die maritime Nutzung weist auch das Segelschiffrelief auf der linken Seite hin, das einst als Wahrzeichen diente. Nach dem Ersten Weltkrieg zog die Seemannsschule der Deutschen Werft in den Backsteinbau mit dem hohen Dach und den Sprossenfenstern. Zwischen 1944 und 2007 befand sich hier das Ortsamt Finkenwerder. Heute sind in dem Gebäude eine IT-Beratungsfirma und eine Außenstelle der Polizei untergebracht. Die Grundsteinlegung der Deutschen Seemannsschule gab den Startschuss für Finkenwerders Entwicklung vom idyllischen Fischer- und

5 DEUTSCHE SEEMANNSSCHULE, UM 1919

18 Bauerndorf zum Stadtteil Hamburgs, der von der Industrie geprägt ist. Das Gebäude entstand auf einem Gebiet, auf dem man noch wenige Jahre zuvor nasse Füße bekommen hätte: den »Schallen« genannten Elbwatten. Anfang des 20. Jahrhunderts hatte die Stadt Hamburg begonnen, die sogenannte »Fläche A«, nördlich von Steendiek und Norderdeich – zwischen Steendiekkanal und Köhlfleet –, mit Baggergut aus der Elbe aufzuschütten, um hier neue Wohnbauten entstehen zu lassen. Dass der Hamburger Senat nun auch Finkenwerder in die Stadtplanung einbezog, lag an dem Platzbedarf der rasant wachsenden Stadt. Dem auf diese Weise geschaffenen Stadtgebiet sollten im Laufe der folgenden Jahrzehnte noch weitere folgen, sodass sich die Größe Finkenwerders innerhalb von einhundert Jahren nahezu verdoppelte.

3 GORCH-FOCK-HALLE, FOCKSWEG 3

Wir wenden uns nun nach links, gehen ein Stück die Benittstraße entlang und erblicken Backsteinbauten der 1920er Jahre. Dass dieses Wohngebiet an Siedlungen in Barmbek-Nord oder Dulsberg erinnert, ist kein Zufall. Hier wie dort war es der Hamburger Oberbaudirektor Fritz Schumacher, der die Bebauungspläne mitgestaltete. Die 1921 und 1923 gegründeten Baugenossenschaften »Finkenwärder« und »Hoffnung« errichteten die Wohnblocks auf dem aufgeschütteten Gebiet. Sie standen in großem Kontrast zu den Fischer- und Bauernhäusern der Vorindustrialisierung und verliehen Finkenwerder ein großstädtisches Gesicht. Noch heute bilden die Mehrgeschossbauten, die einen für damalige Verhältnisse hohen Wohnkomfort besaßen, das Zentrum des Stadtteils. Wir gelangen zu einer kleinen Grünanlage, die sich rechts der Benittstraße befindet. Der Flachdachbau mit Pfeilervorhalle und symmetrischer Klinkerfassade entstand 1929/30 nach einem Entwurf von Fritz Schumacher und war als kultureller Mittelpunkt der neuen Siedlung gedacht (Abb. 6). Die nach dem Heimatdichter Gorch Fock benannte Halle diente als Turnhalle und wurde als Veranstaltungsort für Konzerte und Theateraufführungen genutzt. Außerdem war sie lange Zeit Sitz der Hamburger Öffentlichen Bücherhallen. Heute trainieren hier die Mitglieder des TuS Finkenwerder.

6 GORCH-FOCK-HALLE, UM 1930

Wir folgen der Benittstraße in Richtung Süden. Der Wohnblock Benittstraße 20–26 entstand zwischen 1925 und 1927 nach Plänen des Architekturbüros Klophaus und Schoch. Auch hier finden sich bereits die historisierenden Blendgiebel, die – in ausgeprägterer Form – den Altstädterhof und das Bartholomayhaus zieren, zwei von Rudolf Klophaus (1885–1957) Ende der 1930er Jahre realisierte Bauten in der Hamburger Innenstadt.

Wir gehen die Benittstraße bis zu ihrem Ende und biegen zweimal links in die Straße Steendiek ab.

 **STEENDIEK 29**

»Land ünner«, dieser Ruf war auf Finkenwerder häufig zu hören. Und so haben auch die Erbauer dieses um 1900 errichteten Hauses das erste Geschoss deutlich über dem Boden beginnen lassen, um es zu schützen, wenn das Wasser mal über den Deich tritt (Abb. 7). Jahrhundertelang hatte die Elbinsel mit den Folgen der Gezeiten zu kämpfen, da sie nur wenig über Normalnull liegt und der von der Nordsee kommenden Flut das erste Hindernis bot, sodass die Wellen mit ungebremster Kraft die nordwestliche Küste trafen. Zwar hatte man bereits Anfang des 17. Jahrhunderts die Gesamteindeichung Finkenwerders vorgenommen, doch war es um die Pflege des Flutschutzes im nördlichen Teil nicht gut bestellt – mit dramatischen Folgen. In 200 Jahren – zwischen 1625 und 1825 – kam es zu 54 Deichbrüchen mit großen Verlusten. So starben zwischen 1700 und 1756 infolge der Sturmfluten beinahe genauso viele Menschen, wie im selben Zeitraum geboren wurden. Es war der Hamburger Senator und spätere Bürgermeister Wilhelm Amsinck (1752–1831), der den Schutz vor den Wassermassen Ende des 18. Jahrhunderts zur Chefsache erklärte und mit der »Finkenwärder Deichordnung« von 1802 für eine einheitliche und von professioneller Seite unterstützte Deichgestaltung sorgte. Mit Erfolg, denn die neuen Deiche hielten immerhin zwanzig Jahre. Erst die Februarflut des Jahres 1825, die höchste Sturmflut vor 1962, sorgte für neue Deichbrüche, die aber im Vergleich zu den Flutschäden, die andere Elbinseln zu verzeichnen hatten, weniger verheerend ausfielen. Zu einer völligen Neuorganisation des Hochwasserschutzes kam es nach 1962. Die Jahrhundertflut führte auch auf Finkenwerder zu schweren Schäden, in deren Folge zwei Menschen und zahlreiche Tiere ertranken. Als Reaktion auf die Naturgewalt errichtete man im Nordwesten der Insel einen neuen Deich, der die Alte Süder- von der Norderelbe abschottete und dadurch den Charakter der Flusslandschaft entscheidend veränderte. Der Steendiek trägt seinen Namen übrigens, weil er 1805 mit Granitfindlingen verstärkt wurde.

Wir folgen der Straße, die auf der Krone des Deiches angelegt wurde und in der Verlängerung Müggenburg heißt, biegen links in die Straße Kanalstack, überqueren den Köhlfleet-Hauptdeich und gelangen zum ehemaligen Fischereihafen.

7 HAUS STEENDIEK

5 FISCHEREIHAFEN AM KANALSTACK

Die »Finkenwerder Kutterscholle« oder »Kutterscholle Finkenwerder Art«
ist auch über Hamburgs Grenzen hinaus bekannt. Viel mehr als das Re-
zept für gebratene Scholle mit gewürfeltem Speck und Nordseekrabben
ist allerdings aus der großen Zeit der Finkenwerder Seefischerei nicht
geblieben. Nachgewiesen bereits für das späte Mittelalter, bildete der
Fischfang im 19. Jahrhundert neben der Landwirtschaft den wichtigsten
Einkommenszweig für die Insulaner. Butt, Aal, Stör, Stint, Lachs und Zan-
der: Damals konnten die Fischer noch bedenkenlos in der Elbe ihre Netze
auswerfen. Zunehmend wagten sie sich aber auch auf hohe See hinaus, um
neue Fanggebiete zu erschließen. Der gefährliche Einsatz lohnte sich, denn
die Nähe zu Hamburg sicherte gute Absatzmärkte. Die Konkurrenz befand
sich allerdings in der Nachbarschaft, denn auch Blankenese war ein wichtiger Standort für die Seeschifffahrt. Nicht zuletzt europäische Entwick-
lungen führten dazu, dass Finkenwerder um 1890 den größten deutschen
Fischereihafen hatte und Blankenese den Rang ablaufen konnte. Blankenese war Teil von Dänemark, weshalb die Schiffe unter dänischer Flagge
segelten. Das Südufer der
Elbe gehörte zum Königs-
reich Hannover, das bis 1837
in Personalunion mit Großbritannien regiert wurde.
Da aber Großbritannien
mit dem dänischen König-
reich verfeindet war, hin-
derten britische Schiffe die
Blankeneser Fischer daran,
ihre Fangplätze in der
Nordsee zu erreichen. Den
unter Hamburger Flagge

8 BOOTSWERFT AM SÜDERELBDEICH, 1888

9 FISCHEREIHAFEN MIT HF-SCHIFFEN, UM 1900

fahrenden Finkenwerder Ewern und Kuttern hingegen gewährten sie freie Fahrt, was dazu führte, dass Blankeneser Seeschiffer ihren Wohnsitz nach Finkenwerder verlagerten. Und auch Schiffszimmerer, Schmiede, Segel- und Netzmacher zog es nun auf die Insel (Abb. 8).

Im Nordteil Finkenwerders lebten 1830 1353 Einwohner, fünfzig Jahre später waren es mit 2824 mehr als doppelt so viele. Und auch die Fang-flotte vergrößerte sich: Im Jahr 1888 starteten 186 Schiffe von Finkenwer-der Richtung Nordsee. Zu diesem Zeitpunkt bekam die Segelschiff-fahrt allerdings zunehmend Kon-kurrenz von den »Smeukewern«, den Dampfschiffen, die die stolze Finkenwerder Flotte schrumpfen ließen und den Niedergang der See-fischerei in Finkenwerder einläu-teten.

10 MUSEUMSHAFEN

Die Kutter und Ewer, die einst unter dem Erkennungszeichen »HF« für Hamburg-Finkenwerder die Nordsee eroberten (Abb. 9), sind längst Geschichte. Auch frischen Fisch kann man in Finkenwerder nicht mehr kaufen. Auf private Initiative ist hier aber in den 1990er Jahren ein kleiner Museumshafen entstanden (Abb. 10), und ein Verein kümmert sich um den Erhalt des letzten Finkenwerder Hochseekutters, »Landrath Küster«, der 1889 in der Sietas-Werft vom Stapel lief. Weitere Informationen zu diesem Thema finden sich auf der Tafel am ehemaligen Hafen. Ein Gedenkstein erinnert an die Fischer, die ihr Leben auf See ließen.

Wir gehen die Straße Kanalstack zurück und biegen links in die Sandhöhe.

 SANDHÖHE 10, AUEDEICH 24, 54 UND 56

Kleine Giebelhäuser rechts und links des alten Deiches, Blumenkübel und Bänke vor den Türen, eine gekrümmte, schmale Straße mit wenig Verkehr und enge Gänge zwischen den Häusern, die den Blick auf idyllische Innenhöfe freigeben: Hier ist die einstige Fischersiedlung noch zu erleben, die sich im 17. und 18. Jahrhundert entwickelte (Abb. 11 + 13), wenngleich nur wenige Gebäude aus dieser Zeit stammen. Es dominieren Häuser mit historistischen Fassaden, die um 1900 errichtet wurden,

11 + 12 AUEDEICH, UM 1900 UND HEUTE

13 BAUERNKÜCHE MIT GEMAUERTEM FEUERBECKEN UND TYPISCHEM FINKENWERDER STUHL,
UM 1890

aber auch die 1950er und 1980er Jahre sind vertreten (Abb. 12). Den Wert
dieser malerischen Siedlung erkannten die Hamburger Fachbehörden
schon vor rund dreißig Jahren, als sie in einer vom Landesplanungsamt
in Auftrag gegebenen Untersuchung festhielten: »Das Milieugebiet Finkenwerder wird als einer der wertvollsten, lebendigsten und interessan-
testen Bereiche dieser Art in Hamburg angesehen, dem sogar eine über
Hamburg hinausgehende Bedeutung zukommt.« Zudem kündigte das
Denkmalschutzamt damals an, den Bereich Steendiek/Auedeich wegen
seiner »geschichtlichen Bedeutung und zur Erhaltung charakteristi-
scher Eigenheiten [...] als Gesamtanlage unter Denkmalschutz zu stellen«. Geschehen ist dies nicht. Denkmalschutz erhielten die Gebäude
Sandhöhe 10, Auedeich 24, 54 und 56, weil sie Reste der historischen
Bebauung darstellen.

Das leider baufällige, rund 200 Jahre alte Gebäude Sandhöhe 10 (Abb. 14) zeigt mit breiter Vorderfront und hohem Fachwerkgiebel den Repräsentationswillen des Bauherrn Hinrich Cohrs, der kein Fischer, sondern Kapitän war.

Wir folgen der Straße, die in ihrer Verlängerung Auedeich heißt. Vorbei an dem Haus mit der Nummer 22 aus dem Jahre 1903, in dem sich einst die älteste Bäckerei Finkenwerders befand, gelangen wir zu dem umfangreich sanierten Gebäude Auedeich 24 (Abb. 15). Auch hier wollte der Bauherr, der Werftbesitzer Carsten Wriede, zur Schau stellen, dass er den örtlichen Bauern, die sich gern unbescheidene Höfe auf Wurten errichten ließen, in nichts nachstand. Über dem massiven Untergeschoss erheben sich ein gewaltiger Fachwerkgiebel und ein steiles reetgedecktes Satteldach. In dem Haus war sogar Platz für einen Speisesaal, in dem mittags die Mitarbeiter gemeinsam aßen. Der Hauptbalken trägt die Inschrift: »Wo Gott nicht selber baut das Haus. So richtet keine Müh was aus. Wo Gott die Stadt nicht selbst bewacht. Da schützt Sie keine Stärke und Macht. Herr Gott Vater im Himmel sei uns doch gnädig. Und segne uns. Anno 1817.« In den 1970er Jahren gab es Pläne, in diesem Haus ein Heimatmuseum zu errichten, allerdings mangelte es der öffentlichen Hand an Geld.

Auch die Fachwerkbauten Auedeich 52 und 54 sind stark verändert worden, »bilden aber mit ihrer erkennbar historischen Kubatur und den

14 + 15 SANDHÖHE 10 / AUEDEICH 24

nebeneinander stehenden Fachwerkgiebeln ein wichtiges Gestaltelement, das auf die Frühzeit der Besiedlung des Auedeiches verweist«, wie das Denkmalschutzamt 1996 in einem Gutachten festhielt.

Wir gehen den Auedeich weiter entlang und erblicken hinter dem Gebäude mit der Nummer 70, im Bereich der Straßenkrümmung, ein großes, rotes Backsteingebäude. Es ist der 1882 entstandene Altbau der Aueschule, die über die Ostfrieslandstraße 91 zugänglich ist.

7 AUESCHULE, OSTFRIESLANDSTRASSE 91

Die Aueschule feierte 2002 ihr 175-jähriges Jubiläum. Für ihre Gründung hatten sich bereits 1824 95 Elternpaare, Bewohner des Auedeichs, eingesetzt. In einem Brief an Senator Amsinck verwiesen sie auf die steigenden Einwohnerzahlen Finkenwerders, »indem sich Finkenwärder seit einigen Jahren Grausahm Vermehret«, und beklagten, dass der unbefestigte Weg zur bereits im 17. Jahrhundert eingeweihten Westerschule am Landscheideweg dem Wohlergehen ihrer Kinder abträglich sei, »dann Sie kömmen des Abends selten zu Hause das sie nicht bis an die Kniehe Voll Morast sind … alwo die Kinder die Edelste gesundheit in die Größte gefahr komt«. Die Stadt Hamburg zeigte sich drei Jahre später einsichtig und erlaubte den Finkenwerdern – Bauern, Fischern, Schiffbauern, kleinen Handwerkern und Tagelöhnern – den Bau einer Schule am Auedeich 84 D – auf eigene Kosten. Die Bauzeit betrug lediglich wenige Monate, allerdings enthielt das Gebäude auch nur einen Klassenraum, in dem 59 Kinder Platz finden mussten. Hier lernten sie neben biblischen Geschichten, Versen aus dem Katechismus und Chorälen aus dem Gesangbuch Lesen, Schreiben, Rechnen – und Hochdeutsch. Der einzige Lehrer wohnte gleich nebenan, am Auedeich 84 C.

Neben der Wester- und der Lüneburger Schule im Südteil Finkenwerders war die Aueschule die dritte Schule der Elbinsel. Bis 1879 oblag dem Pastor aus dem lüneburgischen Teil Finkenwerders die Aufsicht über alle drei Schulen. Erst dann verabschiedete der Hamburger Senat ein Landschulgesetz, das die Schulen der Stadt unterstellte. Dies hatte zur Folge, dass der Senat jetzt auch für deren Finanzierung aufkam. Der 1892 entstandene, noch heute genutzte rote Backsteinbau bot Platz für fünf Unterrichtsräume sowie je zwei Wohnungen für verheiratete und ledige Lehrer. 1893 erhielt Finkenwerder mit der Norderschule eine

16 NEUBAU AUESCHULE

vierte Schule, die heutige Stadtteilschule, die sich in unmittelbarer Nachbarschaft zum Anfang der 1970er Jahre gegründeten Gymnasium befindet. Die Aueschule erfuhr im Laufe der Jahrzehnte zahlreiche Veränderungen. Ab 1909 wurde sie wie alle Finkenwerder Schulen siebenklassig, nach dem Ersten Weltkrieg diente sie kurzzeitig als Gewerbeschule für Mädchen, zwischen 1868 und 1930 befand sich im Lehrerzimmer die erste Finkenwerder Bücherhalle, in den 1950er und 1960er Jahren wurde sie durch Neubauten ergänzt. Seit 1991 ist die Aueschule eine reine Grundschule mit Vorschule, Integrationsklassen und integrativen Regelklassen, die seit 2008 ein Ganztagsangebot hat. Im Zuge dieser Entwicklung erhielt die Schule 2011 eine neue Pausenmehrzweckhalle mit Platz für eine Bühne und eine Küche inklusive Essensausgabe (Abb. 16). Realisiert hat den ansprechenden Bau das Hamburger Architekturbüro Brinkmeier Krauß Stanczus.

Am Ende der Straße Auedeich gelangen wir zum Finkenwerder Vorhafen und Dradenauhafen und werfen einen Blick auf Waltershof und seine Containeranlagen. Der benachbarte Stadtteil besteht fast ausschließlich aus Industrie- und Hafenanlagen.

Wir gehen nun zurück zum Auedeich und biegen in die Ostfrieslandstraße.

8 EHEMALIGE GRENZE FINKENWERDER NORD UND SÜD,
AUEDEICH / ECKE OSTFRIESLANDSTRASSE / FINKENWERDER LAND-
SCHEIDEWEG (TANKSTELLE)

Der Finkenwerder Landscheideweg quert Finkenwerder von West nach
Ost (Abb. 17). Parallel zu ihm verläuft ein Graben, der als Elbarm schon
1420 erstmalige Erwähnung fand. Er markiert den ehemaligen Grenzver-
lauf, denn Finkenwerder war 710 Jahre lang eine politisch geteilte Insel.
Ursprünglich gehörte sie zu Holstein, doch 1227 siegte Graf Adolf III. von
Schauenburg in der Schlacht bei Bornhöved gegen König Waldemar von
Dänemark und schenkte seinem wichtigsten Bundesgenossen, dem Erzbi-
schof Gerhard von Bremen, den südlichen Teil Finkenwerders. Die längste
Zeit, von 1236 bis 1705, gehörte der Süden Finkenwerders zum Herzog-
tum Braunschweig-Lüneburg. 1701 gelangte er nach Hannover und 1866 an
Preußen, nachdem das Königreich Hannover im Deutschen Krieg gegen
Preußen verloren hatte.

Der Norden Finkenwerders verblieb anfangs bei den Schauenburgern,
rückte aber schon bald in den Fokus Hamburger Interessen. Kaiser Friedrich I., genannt Barbarossa,
hatte der Stadt 1189 das
Stapelrecht verliehen, das
heißt, die den Hafen pas-
sierenden Schiffe mussten
ihre Waren in der Stadt
anbieten. Viele Kaufleute
wussten dies zu verhin-
dern, indem sie Hamburg
über die Süderelbe und die
Dradenau umfuhren. Um
das Treiben auf der Elbe
besser kontrollieren zu

17 PFERDEMARKT AM LANDSCHEIDEWEG, UM 1910

18 VORGÄNGERBAU DER ST.-NIKOLAI-KIRCHE, UM 1800

können, erwarben die Hamburger 1446 den Norden Finkenwerders, der, viel später, 1919, Vorort wurde. Erst 1937 fiel dann im Zuge des Groß-Hamburg-Gesetzes auch der Südteil Finkenwerders an Hamburg, und die Zeit der jahrhundertelangen Teilung war beendet. Alte Fotografien zeigen noch die nebeneinander stehenden gestreiften Schlagbäume, von denen der eine das Wappen Preußens und der andere das Emblem Hamburgs trug.

➜ ABSTECHERTIPP A
ST.-NIKOLAI-KIRCHE, LANDSCHEIDEWEG 157
Vorbei an Ostbaumplantagen und einzelnen Gehöften erreichen wir in etwa 15 Minuten (ein Kilometer) die evangelische St.-Nikolai-Kirche. Die kirchliche Einigung Finkenwerders geschah fast 200 Jahre vor der politischen. Bereits 1756 erhielten die Inselbewohner ein gemeinsames Gotteshaus, einen einfachen Fachwerkbau, der im südlichen Teil auf der

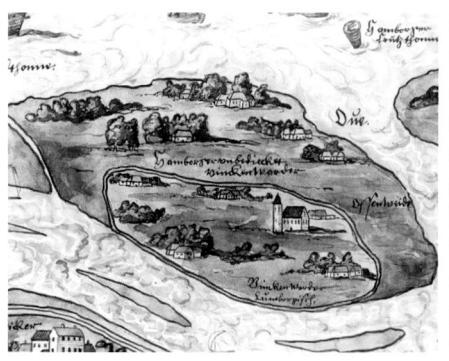

19 ELBKARTE VON MELCHIOR LORICHS, 1568

Friedhofswurt errichtet wurde (Abb. 18). So ganz einig war man sich allerdings nach wie vor nicht, denn die Lüneburger saßen auf der einen und die Hamburger auf der anderen Seite, übrigens auf bezahlten Plätzen. Eine gemeinsame Kirche war dennoch vor allem für die Bewohner der Nordseite eine Erleichterung, denn diese hatten zuvor jahrhundertelang nach Nienstedten gehen müssen, um den Gottesdienst zu besuchen. Bei Niedrigwasser ließ sich die Norderelbe damals noch halbwegs trockenen Fußes überqueren, da sie weniger Wasser als heute führte. Auf der Lüneburger Seite der Insel gab es vermutlich bereits im späten Mittelalter eine Kirche, bezeugt ist ein Kirchenbau allerdings erstmals auf der Elbkarte, die Melchior Lorichs 1568 für den Rat der Stadt Hamburg zeichnete (Abb. 19). 1617 kam es dann zu einem ersten Abkommen zwischen Hamburg und dem Herzog Wilhelm von Braunschweig-Lüneburg, das die Einpfarrung der Nordseite nach Lüneburg zum Inhalt hatte. Es sollte dann aber noch rund 150 Jahre dauern, bis 1766 die endgültige Einigung vollzogen wurde.

Der heutige Bau entstand in den Jahren 1880/81, nachdem die zuvor an diesem Standort befindliche Holzkirche wegen Baufälligkeit abgebrochen werden musste. Der Architekt F. A. L. Wag-

20 GEDENKBLATT ST. NIKOLAI, 1881

ner aus Winsen/Luhe er-
richtete eine dreischiffige
Basilika im neugotischen
Stil (Abb. 20). Sie ruht auf
annähernd 300 Pfählen,
die neun Meter tief in dem
sumpfigen Marschenbo-
den stecken. 1966 erhielt
der Hamburger Architekt
Werner Kallmorgen (1902–
1979) von der Kirchenge-
meinde den Auftrag, für
mehr Licht und weniger

21 INNENRAUM DER ST.-NIKOLAI-KIRCHE

Enge im Inneren zu sorgen. Er ließ die südliche Querhauswand verglasen,
sodass wir einen Blick in die St.-Nikolai-Kirche werfen können (Abb. 21).
Nach Kallmorgens Plänen wurden unter anderem die Wände weiß gestrichen, das Gestühl reduziert und die Kanzel in den Mittelpunkt des Raumes
gestellt. Letztere ist ein Überbleibsel der barocken Vorgängerkirche und
stammt aus dem Jahr 1754.

Übrigens stand während der Sturmflut 1962 das Wasser fast drei Meter
hoch in der Kirche, es reichte bis zur Empore.

9 SIEDLUNG OSTFRIESLANDSTRASSE

Beidseits der Ostfrieslandstraße verlaufen zahlreiche Straßen, die alle-
samt nach ostfriesischen Orten benannt wurden wie Emder Straße, Au-
richer Damm und Langeooger Weg. Hier, auf der sogenannten »Fläche
B«, zwischen der Landscheide und dem Steendiek, die bereits ab 1914 mit
Baggersand aufgeschüttet worden war, entstand ab 1938 im Rahmen des
Volkswohnungsbauprogramms die Siedlung Ostfrieslandstraße (Abb.
22). In einer Zeit, in der alle anderen geplanten Wohnungsbauten den
Kriegsvorbereitungen zum Opfer fielen, wurden innerhalb von drei Jah-

22 LUFTBILD VON FINKENWERDER MIT SIEDLUNG OSTFRIESLANDSTRASSE, 1982

ren über dreißig Wohnblöcke hochgezogen, die Platz für rund eintausend Wohnungen boten. Die Siedlung Ostfrieslandstraße ist das größte zusammenhängende Wohngebiet, das der Nationalsozialismus in Hamburg hinterlassen hat. In die Wohnungen zogen Arbeiter und Angestellte der Deutschen Werft und des Flugzeugwerks der Schiffswerft Blohm & Voss. Beide Unternehmen zählten zu den kriegswichtigen Betrieben und bezuschussten den Wohnungsbau. Bauherr war die Stadt Hamburg, die Entwürfe lieferte der Harburger Architekt Georg Hinrichs unter Beteiligung der Hamburger Architekten Gerhard Langmaack und Dyrssen & Averhoff.

Von der Modernität, die Letztere beispielsweise beim Bau des Empfangsgebäudes für den Flughafen Fuhlsbüttel gezeigt hatten, ist hier nichts mehr zu spüren. Hell verputzte, einfache Zeilenbauten mit Sattel- statt Flachdach, die in ihrer vielfachen Wiederholung monoton wirken. Die parallele, durch Grünflächen unterbrochene Anordnung der Gebäude nimmt das Leitbild der gegliederten und aufgelockerten Stadt vorweg, das in Deutschland besonders für den Wiederaufbau bestimmend wurde. Für etwas Abwechslung sorgen die mit Bauschmuck gestalteten Eingangsbereiche: Maritime Motive wie Segelschiffe und Meerestiere sollen an Finkenwerder Traditionen anknüpfen. Der Hamburger Bildhauer Karl Opfermann (1891–1960) führte diese Arbeiten aus und schuf auch das monumentale Werftarbeiterrelief an der rechten Längsseite des Gebäudes Ostfrieslandstraße 41 (Abb. 23) sowie die Frauenfigur mit dem Schifferklavier an der Ecke Emder Straße/Ostfrieslandstraße 23. Passend zur Feierabendstimmung, die diese wohl verbreiten soll, befindet sich hier seit 1939 eine typische Eckkneipe.

Die Wohnungen waren als Zwei- und Dreispänner angelegt und für damalige Verhältnisse großzügig geschnitten. Die Dreizimmerwohnungen umfassten 65, die Zweizimmerwohnungen 42 Quadratmeter. Mit Dusche und Ofenheizung, Boden und Waschküche galten sie als komfortabel. Die neuen Mieter waren keine Alteingesessenen, sondern hatten zuvor in der Stadt gewohnt. Ihr Zuzug führte zu einer weiteren Veränderung der einst überwiegend von Fischern und Bauern geprägten Einwohnerstruktur Finkenwerders. Die Kinder besuchten gemeinsam die Aueschule, die um drei Baracken ergänzt wurde, um die gestiegene Zahl der Schüler unterzubringen.

Die Siedlung gehört heute der SAGA GWG, die Anfang des 21. Jahrhunderts die Wohnqualität durch den Bau von rund 700 Balkonen steigerte und die Fassaden energetisch sanierte.

Wenn wir der Ostfrieslandstraße folgen, links in

23 OSTFRIESLANDSTRASSE MIT FASSADENRELIEF, 1942

24 + 25 DEUTSCHE WERFT: BETRIEBSGELÄNDE UND WERFTARBEITER, UM 1950

den Steendiek und dann rechts in die Benittstraße einbiegen, gelangen wir in knapp zehn Minuten zurück zum Fähranleger Finkenwerder.

SCHIFFS- UND FLUGZEUGBAU IN FINKENWERDER

Als am 30. Januar 1975 der letzte Helgen – ein Gerüst zum Transport schwerer Bauteile mittels Kränen – der früheren Deutschen Werft gesprengt wurde, bedeutete dies das Ende der großen Ära des Schiffsbaus in Finkenwerder. Errichtet ab 1918 auf dem aufgespülten Gelände nördlich des Neßdeichs und des Finkenwerder Norderdeichs, konnte sich der Betrieb in den folgenden fünf Jahrzehnten zu einem weltweit agierenden Unternehmen entwickeln, das das Leben in Finkenwerder nachhaltig prägte (Abb. 24 + 25). Viele der Beschäftigten zogen von Hamburg nach Finkenwerder, und im Bereich Ostfriesland- und Nordmeerstraße sowie Finkenwerder Norderdeich 120–132 entstanden neue Wohnsiedlungen. Die insgesamt 850 Stapelläufe (darunter auch der der Cap San Diego) waren meist ein gesellschaftliches Ereignis, zu dem Hunderte von Zuschauern kamen.

Der größte Arbeitgeber in Finkenwerder ist heute die Airbus Deutschland GmbH. Die Endmontage der kleineren und mittleren Flugzeuge A318, A319, A320 und A321 sowie die Sektionsmontage, Kabinenausstattung und Lackierung der A380 sorgen für rund 12 000 Arbeitsplätze – allerdings nicht ohne ökologische Konsequenzen. Die Beteiligung Hamburgs am Bau der A380 hatte zur Folge, dass 2001 ein Teil des Mühlenberger Lochs, eines der größten Süßwasserwatten Europas, zugeschüttet wurde, um hier neue Produktionshallen zu errichten. Begonnen hatte der Flugzeugbau in Finkenwerder bereits 1936, als die von Blohm & Voss gegründete Hamburger Flugzeugbau GmbH ihren zweiten Firmensitz am begradigten und befestigten westlichen Elbufer Finkenwerders errichtete. Hier werden auch heute die Airbus-Maschinen startklar gemacht.

BLICK INS DOCK, UM 1960

→ ABSTECHERTIPP B
RÜSCHPARK

Wer Lust hat, die einstige Insel und das ehemalige Gelände der Deutschen Werft noch weiter zu erkunden und sich dabei abseits vom Straßenverkehr mit Blick auf die Elbe zu erholen, dem sei ein Ausflug in den Rüschpark empfohlen. Statt in die Benittstraße biegen wir vom Steendiek rechts in den Hein-Saß-Weg und gelangen nach etwa 15 Minuten in den Rüschpark und nach zwanzig Minuten ans Elbufer. Zu erreichen ist die 21 Hektar große Grünanlage auch in fünf Minuten mit der Linie 64 ab Fähranleger Finkenwerder. Wochentags verkehrt die Fähre alle Viertelstunde, am Wochenende nur alle halbe Stunde.

Der Rüschpark zwischen dem Steendiek- und dem Rüschkanal wurde 2006 als Ausgleich für die Erweiterung des Betriebsgeländes von Airbus angelegt (Abb. 26 + 27). Hier, wo jahrzehntelang der Schiffsbau die Land-

26 AUSSICHT VOM RÜSCHPARK

schaft prägte, ist durch die Erschließung des Elbufers und die Schaffung von Grünflächen ein Erholungsraum für die Finkenwerder Bevölkerung entstanden.

Direkt am Fähranleger befinden sich zwei ehemalige Verwaltungs-bauten der Deutschen Werft, ein 1922 von Fritz Höger errichteter Back-steinbau mit vertikaler Fassadengliederung und vorkragendem Flachdach und ein ungleich höheres Gebäude aus dem Jahr 1958, das mit Stahl-betonskelett und gerasterter Fas-sade auf die Nachkriegsmoderne verweist (Abb. 28 + 29). Sie erinnern an die Zeit, in der das Geräusch der Niethämmer sowie der Anblick der markanten Helgengerüste aus Finkenwerder nicht wegzuden-ken waren. Infotafeln auf Stelen in Schiffsstahl-Ästhetik geben Auf-

27 KARTE DES RÜSCHPARKS

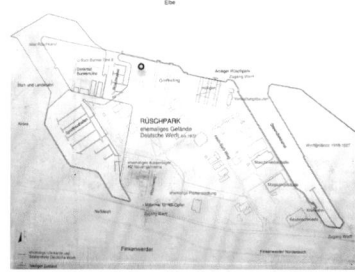

28 EHEMALIGE VERWALTUNGSBAUTEN DEUTSCHE WERFT, HOTEL RILANO

schluss über die Geschichte der einstmals weltweit größten Werft für Handelsschiffe und sparen auch die Jahre des Nationalsozialismus nicht aus.

Zum Verweilen laden mehrere Aussichtsplattformen an der Elbe ein, die auf Fundamenten der ehemaligen Werftanlagen entstanden sind. Hier kann man bequem die vorbeiziehenden Schiffe betrachten. Im Unterschied zum gegenüberliegenden Ufer ist es auf dieser Seite der Elbe nicht überfüllt. Auch bei gutem Wetter hat man seine Ruhe. Eine Einkehrmöglichkeit gibt es im Hotel Rilano am Fähranleger. Wenn man ein Stück an der Elbe entlangschlendert, gelangt man zu einem signalfarbenen Aussichtsturm, von dem aus man einen guten Überblick über das Werksgelände von Airbus und den Sportboothafen am Rüschkanal hat.

29 HÖGER-BAU AUF FINKENWERDER

Am Westufer des Kanals sind die Überreste des U-Boot-Bunkers Fink II zu sehen (Abb. 30). Die drei Betonstreifen bildeten ehemals die Wände von zwei Boxen – insgesamt gab es fünf –, in denen auf Hamburger Werften fertig gestellte U-Boote unter Betonschutz ausgerüstet, repariert und überholt wurden. Die gewaltige Bunkeranlage auf dem Gelände der Deutschen Werft entstand im Auftrag der Kriegsmarine während des Zweiten Weltkriegs, um die kriegswichtige Produktion der U-Boote zu schützen. Sie trotzte selbst gezielten Angriffen mit bunkerbrechenden Bomben und diente, obwohl nicht für zivile Zwecke ausgestattet, auch der Bevölkerung als Schutz vor den Luftangriffen des Jahres 1943. 1945 wurde der Bunker von der britischen Besatzungsmacht gesprengt, seine Reste kamen erst bei der Erweiterung des Airbus-Werks 2002 wieder zum Vorschein (Abb. 31). Das Architekturbüro Kirsch & Bremer gestaltete die Stahlbetonfundamente zu einem Denkmal um und bezog auch die Umgebung mit ein. Betonplatten auf den Sliprampen tragen die Worte »ZEIT / erinnerung RAUM / störung«, die, je nach Wasserstand, ganz oder nur unvollständig lesbar sind.

30 ÜBERRESTE DES U-BOOT-BUNKERS FINK II

31 LUFTBILDAUFNAHME DER RESTBUNKERANLAGEN, 1952

An weitere Verbrechen des NS-Regimes erinnert ein Mahnmal, das sich am südlichen Ende des Rüschwegs / Ecke Neßpriel befindet. Hier wird der Menschen gedacht, die während des Kriegs auf der Deutschen Werft zur Arbeit gezwungen wurden und von denen viele ihr Leben verloren: Kriegsgefangene, Deportierte aus den besetzten Gebieten und Häftlinge aus dem KZ-Neuengamme, für die die Werft ab Oktober 1944 ein Außenlager auf ihrem Gelände einrichtete. Der Finkenwerder Künstler Axel Groehl (* 1953) entwarf ein Ensemble aus zehn Ebereschen, einer durchbrochenen Betonmauer und einer Bronzeplastik, das ein Zeichen gegen »Verzagen, Verdüsterung und Zwang« setzen soll.

Im Rüschpark findet man einen Spielplatz mit BMX-Fahrbahnen, einen Sportplatz, eine Skateanlage und einen Grillplatz, die lebhaft genutzt werden. Die Nachbarschaft von Denkmälern und Spiel- und Sportstätten zeigt, dass sich Gedenken und Vergnügen nicht ausschließen müssen.

CAFÉS / RESTAURANTS / IMBISSE

Brandt's Anfang
Steendiek 37
→ *Steaks und Cocktails im schlichten Ambiente*

Eis Insel
Steendiek 25
→ *florierende Eisdiele in zentraler Lage*

Finkenwerder Elbblick
Focksweg 42
→ *klassische Fischgerichte zu höheren Preisen*

Dampfer Imbiss
Benittstraße 7 (direkt am Fähranleger)
→ *bodenständiges Publikum, anständige Portionen*

Zum Storchennest
Osterfelddeich 2
www.storchennest-finkenwerder.de
→ *gehobene deutsche Küche in historischer Einrichtung*

LÄDEN

Bäckerei Bahde
Neßdeich 166
www.bahde.de
→ *Biobäcker, besonders empfehlenswert das »Finkenbrot«*

Bücherinsel Finkenwerder Gamradt & Will
Steendiek 41
→ *Bücher, Spielwaren und Geschenke seit 1985*

Finkwarders Lüttn Laden
Steendiek 19
→ *Geschenke, Schreibwaren & Nützliches*

Ihr Finkenwerder Bäcker Körner
Müggenburg 5
Nordmeertwiete 17
Rudolf-Kinau-Allee 19
Steendiek 13
→ *knusprige Brötchen in vier Filialen*

HOTELS

Rilano Hotel
Hein-Saß-Weg 40
(Rüschpark)
www.rilano-hamburg.com
→ *Sonntagsbrunch mit Elbblick*

FREIZEIT / SPORT

Gorch-Fock-Park
zwischen Steendiek-
kanal und Köhlfleet
→ *Bänke mit Blick auf die Elbe und das Lotsenhaus am Seemannshöft*

Hallen- und Freibad Finkenwerder
Finksweg 82
→ *nicht überfülltes Freibad mit Elbblick*

Haus der Jugend
Norderschulweg 7
→ *Highlight: Segelkurse auf der Alten Süderelbe*

Rüschpark
Auf der Rüschhalbinsel (Rüschweg)
→ *mit Grill-, Spiel- und Sportplatz sowie Skateanlage*

Turn- und Sportverein Finkenwerder von 1893 e.V.
Focksweg 14
www.tusfinkenwerder.de
→ *traditionsreicher Sportverein mit zwanzig Sparten*

KULTUR

Bücherhalle Finkenwerder
Ostfrieslandstraße 5
→ *spezielle Programme für Kinder und Migrant/inn/en*

Finkwarder Museumskring e.V.
(Heimatmuseum)
p. A. Helmut Vick
Brack 30
→ *privates Museum mit rund tausend Exponaten auf 48 Quadratmetern*

Finkwarder Speeldeel e.V.
Steendiek 14 (Oole Wach)
www.finkwarder-speeldeel.de
→ *plattdeutsche Folkloregruppe mit einem Durchschnittsalter von 25 Jahren*

Gorch-Fock-Haus
Neßdeich 6
www.kinau-haus.de
→ *Heimatmuseum im Geburtshaus der Brüder Kinau*

Kulturkreis Finkenwerder e.V.
www.kulturkreis-finkenwerder.info
→ *unterstützt das lokale Vereinsleben und vergibt den Kunstpreis Finkenwerder*

Museumshafen
Köhlfleet-Hauptdeich
→ *kleiner Liegeplatz für betagte Schiffe*

SOZIALES / NON-PROFIT

Alsterarbeit Gemein- nützige GmbH
Neßdeich 100
21129 Hamburg
www.alsterarbeit.de
→ *Beschäftigungs- und Qualifizierungs- angebote für Menschen mit Handicaps*

Hamburger Kinder- und Jugendhilfe e.V.
Ambulantes Jugendhilfezentrum
Ostfrieslandstraße 27
www.hakiju.de
→ *Beratung und Betreuung für Familien*

STEINWERDER / KLEINER GRASBROOK

2

Elbtunnel, Nord- und Südseite ✶ Blohm+Voss ✶ Container Terminal Tollerort/Kaiser-Wilhelm-Höft ✶ Kaiser-Wilhelm-Hafen/ Auguste-Victoria-Kai ✶ Ernst-August-Schleuse ✶ Schuppen 50–52 ✶ Hansa-Hafen/Hansahöft ✶ Lagerhaus G ✶ Moldauhafen ✶ Sandtorhafen/Magellan-Terrassen

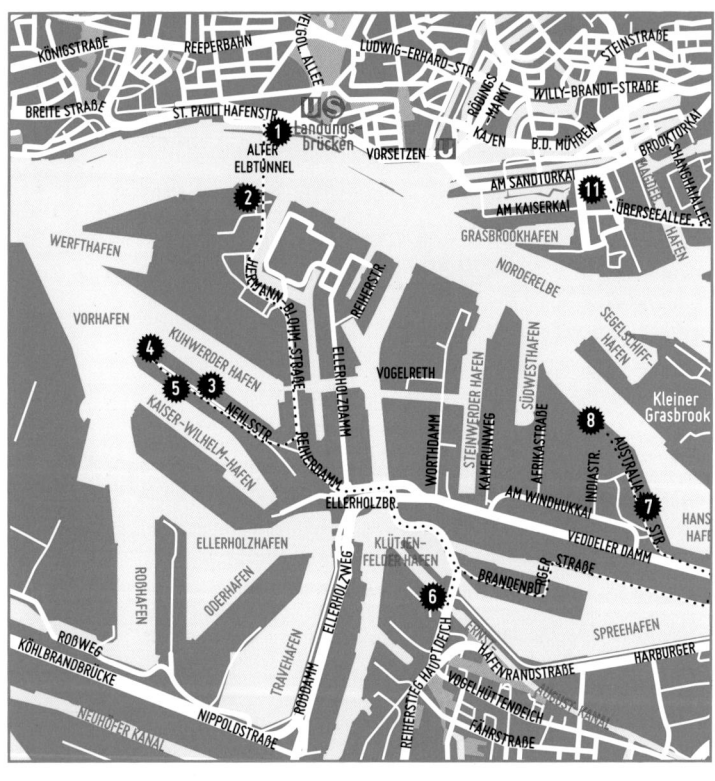

FAHRRADTOUR (größtenteils auf Radwegen), zu empfehlen am Wochenende, da wenig Lkw-Verkehr

STARTPUNKT: Alter Elbtunnel bei den St.-Pauli-Landungsbrücken
(U-/S-Bahn-Station Landungsbrücken / U3, S1, S2, S3)
ENDPUNKT: Sandtorhafen in der Hafencity (U-Bahn-Station Baumwall / U3)
DAUER: 2,5 bis 3 Stunden

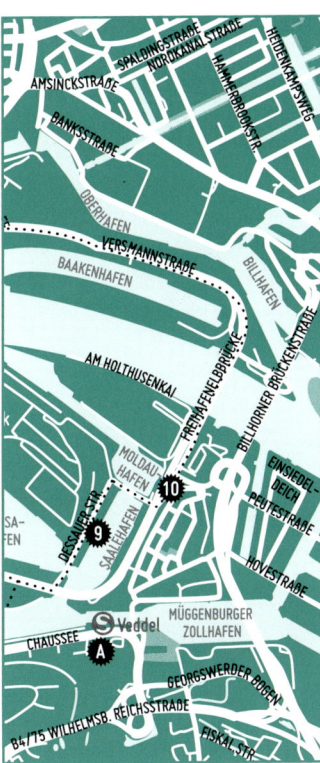

Wie die Veddel und die Peute fiel auch
Steinwerder 1768 durch den Gottorper Vertrag an Hamburg. Nach 1842
wurde die Elbinsel mit dem Bauschutt
des Großen Brands aufgehöht und
entwickelte sich in der Folge zum
wichtigsten Standort der Hamburger
Werftindustrie, aber auch zum Wohngebiet für Hafenarbeiter (Abb. 1 + 2).
Der Kleine Grasbrook entstand aus
dem »Grasbrook«, einer Elbinsel südlich der Befestigungsanlage, die im
16. Jahrhundert durch Strombaumaßnahmen durchschnitten wurde. Im
letzten Drittel des 19. Jahrhunderts
diente das Gebiet des Kleinen Gras-
brooks als erste Hafenerweiterungs-
fläche südlich der Norderelbe. Der
Kleine Grasbrook und Steinwerder erhielten 1894 den Status als Hamburger
Stadtteil. Von 1888 bis 2012 gehörten
sie zum Hamburger Freihafen, in dem
124 Jahre lang Waren zollfrei gelagert
und verarbeitet werden konnten. Da

1 »STRANDWOHNUNG« AUF STEINWERDER, 1885

das Wohnen im Freihafengebiet verboten war, mussten in den 1880er Jahren Tausende Menschen den Kleinen Grasbrook und Steinwerder verlassen.

Von der Werftindustrie sind auf Steinwerder Blohm + Voss und die kleinere Norderwerft am Reiherstieg übrig geblieben. Für die nächsten Jahre beabsichtigt die Hamburg Port Authority (HPA) in diesem Stadtteil die Einrichtung eines »Central Terminal Steinwerder«. Der Kleine Grasbrook wird noch von der Hafenwirtschaft genutzt, ist aufgrund seiner Innenstadtnähe in den letzten Jahren aber in den Blickpunkt der Städteplaner geraten. Olympia, Wissenschaftspark, Neubau der Universität Hamburg, Living Bridge: Pläne gab es viele. Sie landeten bislang allesamt in der Schublade.

 1 ALTER ELBTUNNEL, NORDSEITE

2 STEINWERDER, 1905

Schon seit über hundert Jahren nutzen Menschen diesen Tunnel, um auf die andere Seite der Elbe zu gelangen. Sind es heute vor allem Touristen, die den schönen Ausblick von der anderen Seite genießen wollen, waren es jahrzehntelang in erster Linie Arbeiter auf dem Weg zu den

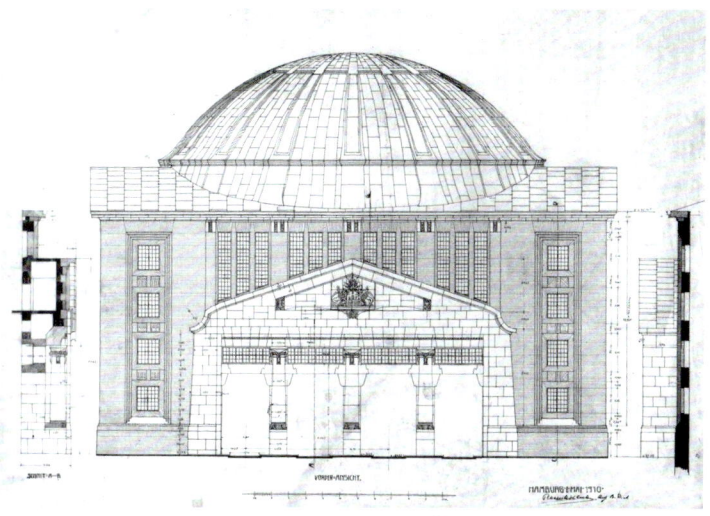

3 EINGANGSGEBÄUDE DES ELBTUNNELS STEINWERDER

Werften und Industriebetrieben auf Steinwerder. Fertig gestellt 1911 als erster Tunnel des Kontinents, der unter einem großen Fluss verlief, galt der Elbtunnel zur Zeit seiner Eröffnung als Wunderwerk der Technik. Entsprechend repräsentativ fiel seine Gestaltung auf der zur Stadt gewandten Seite aus: Die Architekten Ludwig Raabe und Otto Wöhlecke, die auch die Pläne für das Empfangsgebäude der St.-Pauli-Landungsbrücken lieferten, entwarfen einen Bau aus Tuffstein, der mit seiner kupfergedeckten Kuppel auf das Pantheon in Rom Bezug nimmt (Abb. 3).

Überlegungen zu einem Tunnelbau gab es in Hamburg erstmals 1872. Bereits zu diesem Zeitpunkt mussten täglich Tausende Menschen mit Barkassen und Hafenfähren zu ihren Arbeitsstätten auf der anderen Seite der Elbe fahren, was bei Nebel, Sturm oder Eisgang zu Problemen führte. Es sollten aber noch über dreißig Jahre vergehen, bis der Hamburger Senat den Tunnelbau genehmigte. Innerhalb von vier Jahren bauten 4400 Arbei-

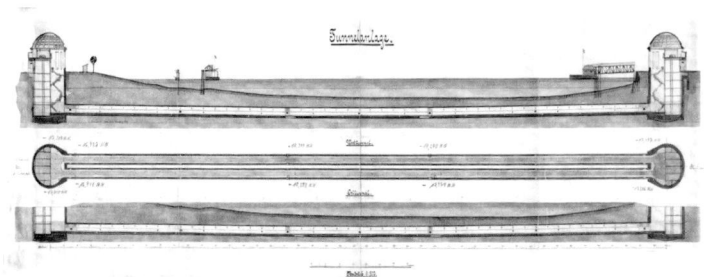

4 TUNNELANLAGE DES ALTEN ELBTUNNELS

ter die zwei 425 Meter langen Röhren (Abb. 4). Viele von ihnen bekamen die Caissonkrankheit (Taucherkrankheit), bedingt durch den Überdruck, der im Tunnelschacht herrschte, um das Eindringen von Wasser zu verhindern. Drei Männer starben während der Bauarbeiten.

5 ALTER ELBTUNNEL, SCHACHT-GEBÄUDE ST. PAULI

10,7 Millionen Goldmark kostete der Elbtunnel die Stadt Hamburg. Doch die Investition lohnte sich. Bereits zwei Jahre nach der Eröffnung passierten täglich über 2000 Fußgänger und über zwanzig Fuhrwerke den Tunnel, in den 1930er Jahren waren es pro Tag 40 000 Personen, von denen etwa 15 000 das Fahrrad nutzten.

Nach unten gelangt man über eine Treppe, mit zwei modernen Fahrstühlen oder mit den von Hand gesteuerten historischen Lastenaufzügen, die wochentags den Autoverkehr aufnehmen (Abb. 5). Auch im Inneren des Gebäudes legte man Wert auf Gestaltung. Die Tunnelröhren sind gekachelt, aufgelockert durch Majolikareliefs mit maritimen Motiven wie Krebsen, Muscheln und Fischen. An den Erbauer des Tunnels erinnert das Relief über der westlichen Röhre. Der junge Baumeister Otto Stockhausen hatte wegen der Elbunterquerung sogar seine Hochzeit verschoben. Das Relief zeigt den Tunneldurchbruch und Stockhausen, der seiner Braut die Hand reicht.

Die Sohle des Elbtunnels befindet sich etwa 23,5 Meter unter der Wasseroberfläche. Heute ist das Bauwerk, das einst Zeichen des technischen Fortschritts war, ein Hindernis für große Containerschiffe, die einen Tiefgang von mehr als 10,5 Metern haben.

2 ALTER ELBTUNNEL, SÜDSEITE

Wir kommen nun in den Stadtteil Steinwerder. Direkt am Ausgang des Alten Elbtunnels befand sich lange Zeit eine Zollstation, die bereits im Zuge der Elbtunnel-Sanierung abgebrochen wurde. Bis Ende des Jahres 2012 begann hier das Zollausland des Hamburger Freihafens. Die Einrichtung eines Freihafens war ein Kompromiss, den die Stadt Hamburg der deutschen Reichsregierung abrang. Nachdem Handel und Hafen in Hamburg jahrhundertelang vom Privileg der Zollfreiheit profitieren konnten, das Kaiser Friedrich Barbarossa der Stadt 1189 mündlich erteilt hatte – schriftlich liegt nur ein vielzitiertes gefälschtes Dokument vor –, stimmte die Bürgerschaft 1881 dem Zollanschluss an das Deutsche Kaiserreich zu. Dies geschah auf Drängen des Reichskanzlers Otto von Bismarck, der die deutsche Wirtschaft vor ausländischen Produkten durch Importzölle schützen wollte. 1888 wurde die Eingliederung Hamburgs in die deutschen Zollgrenzen vollzogen. Die Jahresangabe findet sich auch auf einigen Bauten der Speicherstadt, die im neu geschaffenen Freihafengebiet entstand. Das Freihafengebiet umfasste die Speicherstadt, das Gebiet der heutigen Hafencity, die Stadtteile Steinwerder und Kleiner Grasbrook, später auch Waltershof, schließlich rund ein Fünftel der Hafenfläche (Abb. 6 + 7). Die Entwicklung der Europäischen Union zu einem einheitlichen Wirtschaftsraum ohne Zollgrenzen führte dazu,

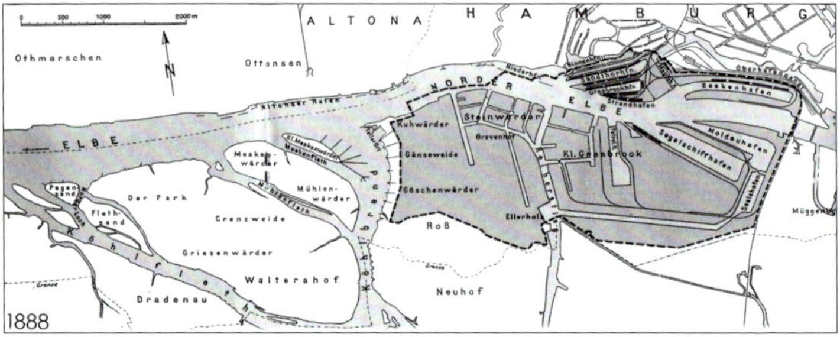

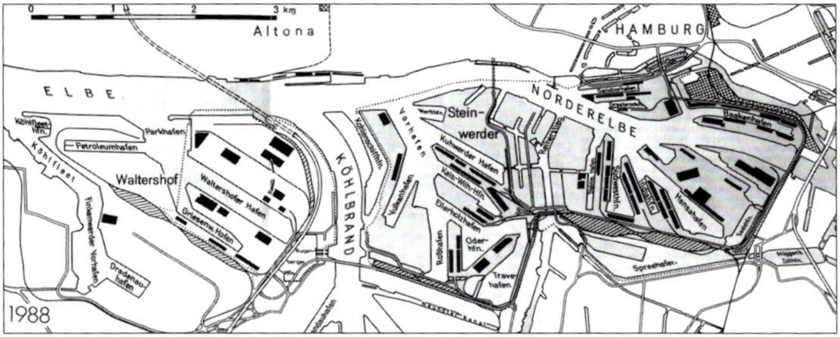

6 + 7 KARTE DES FREIHAFENS, 1888 / KARTE DES FREIHAFENS, 1988

dass die Freizone den Handel zunehmend behinderte. 2009 beschloss der Hamburger Senat, die Aufhebung des Freihafens zu beantragen, was der Bundesrat bewilligte. Der 17,5 Kilometer lange und drei Meter hohe Zaun, der das Gebiet landseitig sicherte, wurde nun genauso überflüssig wie die fünf Zolldienststellen.

3 BLOHM + VOSS, BLICK VOM KAISER-WILHELM-HÖFT

Wir fahren nun den Reiherdamm entlang und überqueren auf Höhe des Port Centers die Straße. Hier ist besondere Vorsicht geboten, da es keinen Fahrradweg gibt und zum Teil noch Schienen auf den Wegen verlaufen.

Wer diesen Teil des Freihafens anschauen will, sollte sich beeilen, denn auf dem Gelände werden bald die Bagger rollen. Die HPA plant auf den Kaizungen des Mittleren Freihafens, zwischen Kuhwerder und Köhlbrandbrücke, das »Central Terminal Steinwerder« (CTS). Sie beabsichtigt, Oder- und Travehafen ganz sowie Ellerholz- und Kaiser-Wilhelm-Hafen teilweise zu verfüllen, um eine zusammenhängende Fläche zu schaffen, die mit 125 Hektar beinahe so groß wie das Gebiet der Hafencity wäre. Auf diese Weise entstünde eine anderthalb Kilometer lange neue Kaimauer, an der vier Großschiffe gleichzeitig be- und entladen werden könnten. Zudem soll das neue Areal Platz für die Ansiedlung von Wirtschaftszweigen wie Produktion, Leichtmontage und Logistik bieten.

Vorbei an Lagerhäusern geht es jetzt durch die Nehlsstraße bis an das Ende des Kaiser-Wilhelm-Höfts. Auf einem Parkplatz machen wir Halt und sehen auf der rechten Seite das Firmengelände der Werft Blohm + Voss mit den Baudocks 5 und 12. Das Dock 5 war im Jahr seiner Inbetriebnahme, 1908, das weltweit größte Schwimmdock. Zu diesem Zeitpunkt agierte die Werft bereits sehr erfolgreich. Dabei hätten die Hamburger beinahe den Einstieg in den Eisenschiffbau verpasst. Dieser wurde in den ersten Jahrzehnten des 19. Jahrhunderts von britischen Betrieben dominiert, während hiesige Werften noch Holzschiffe bauten. Erst die Ingenieure Hermann Blohm und Ernst Voss brachten die Wende. 1877 gründeten sie

8 BLOHM & VOSS, 1899

9 + 10 DIE »VATERLAND« IM BLOHM & VOSS-DOCK, UM 1914 / GESPRENGTE HELGEN BEI BLOHM & VOSS, 1946

die Werft Blohm & Voss (Blohm + Voss ab 1965) und konnten bald nicht nur die Hamburger Reeder, sondern auch die Kaiserliche Marine überzeugen (Abb. 8). Gewaltige Passagierschiffe wie die »Vaterland« (Abb. 9) und Segelschiffe wie die »Passat« wechselten sich ab mit Schlachtkreuzern, die »SMS Karl der Große« oder »SMS Scharnhorst« hießen. Während des

11 POSTKARTE DER VULCANWERFT, 1954

Ersten Weltkriegs ließen sich gute Geschäfte mit dem Bau von U-Booten machen. Nach 1918 konkurrierte Blohm & Voss mit der Finkenwerder Deutsche Werft AG (vgl. Finkenwerder-Spaziergang) und der 1906 gegründeten Vulcanwerft (Abb. 11) um Kunden, Letztere wurde 1929 von der Kieler Howaldtswerke AG geschluckt. Der Nationalsozialismus bescherte der Werft volle Auftragsbücher, nun liefen Kriegsschiffe vom Stapel. In dieser Zeit entstand das Trockendock Elbe 17, das von den St.-Pauli-Landungsbrücken gut zu sehen ist. Nach Kriegszerstörung und Demontage (Abb. 10) durch die britischen Alliierten erlebte Blohm & Voss in den 1950er Jahren eine er-

12 BIEGEMASCHINE AUF EINER GROSSWERFT, UM 1955

neute Blüte, und auch der Containerschiffbau, der Ende der 1960er Jahre einsetzte, verhalf dem Unternehmen anfangs zu guten Umsätzen. Dann aber wurde die asiatische Konkurrenz zu groß. Japan, China und Südkorea sind mittlerweile führend im Schiffbau. Blohm + Voss überlebte das Werftensterben, weil sich das Unternehmen vom Frachtschiffbau verabschiedete und sich fortan auf drei Bereiche konzentrierte: Die Reparatur sowie der Bau von Marineschiffen und Luxusjachten sollen heute die rund 1600 Arbeitsplätze sichern. Für Aufsehen sorgte die Luxusjacht »Eclipse« des russischen Milliardärs Roman Abramowitsch, die 2010 die Werft verließ.

Das Unternehmen gehört inzwischen zur ThyssenKrupp AG und zu Star Capital Partners.

ZWANGSARBEIT BEI BLOHM & VOSS

Mit Beginn des Zweiten Weltkriegs stellte die Werft Blohm & Voss ihre Produktion vollends in den Dienst des nationalsozialistischen Regimes und baute ausschließlich U-Boote. Weil viele Facharbeiter des Schiffbaubetriebs in der Wehrmacht dienten, verlangten die Unternehmensinhaber Rudolf und Walther Blohm 1941 vom Oberkommando der Kriegsmarine die Zuweisung von ausländischen Arbeitskräften. Insgesamt unterstützten fast 3000 Zwangsarbeiter – Zivilisten aus den besetzten Gebiete und Kriegsgefangene – die Kriegsproduktion bei Blohm & Voss. Sie kamen unter anderem aus Frankreich, Italien, Kroatien, den Niederlanden und Russland und lebten, streng bewacht und abgesondert von der deutschen Bevölkerung, in Lagern, in denen es zum Teil weder Heiz- noch Duschmöglichkeiten gab. Katastrophal waren vor allem die Zustände in den Sammelquartieren der russischen Zwangsarbeiter, in denen Hungersnot und Ungezieferplagen herrschten. Ein noch dunkleres Kapitel der Firmengeschichte ist der Einsatz von KZ-Häftlingen, der im August 1944 begann. Insgesamt beschäftigte Blohm & Voss 572 Insassen des KZ Neuengamme, die zumeist aus Polen und Russland kamen und in einem Außenlager lebten, das von SS-Wachmannschaften bewacht wurde. Innerhalb von sechs Monaten starben 227 von ihnen wegen Misshandlungen, Unterernährung und unzureichender medizinischer Versorgung.

 CONTAINER TERMINAL TOLLERORT / KAISER-WILHELM-HÖFT

Vis-à-vis dem Kaiser-Wilhelm-Höft erblicken wir den Container Terminal Tollerort (CTT, Abb. 13). Ob sich der Name Tollerort von einer hier eingerichteten Zollstation herleitet (Toll = Zoll), ist nicht belegt. Während die Helgengerüste der Werften, die jahrzehntelang das Bild des Hafens prägten, größtenteils verschwunden sind, bestimmen heute die gewaltigen Containerbrücken das Geschehen. Waltershof, Altenwerder und Steinwerder: Im westlichen Teil des Hamburger Hafens dreht sich alles um die bunte Blechkiste. Das erste Containerschiff erreichte Hamburg im Jahr 1968, seine Ware wurde am Burchardkai in Waltershof umgeschlagen. Hier hatte die Hamburger Lagerhaus- und Aktiengesellschaft (HHLA) den ersten Containerterminal errichtet, der heute der größte im Hamburger Hafen ist. Bereits ein Jahr später eröffnete am gegenüberliegenden Predöhlkai das Unternehmen Eurogate den zweiten Terminal für die Ent- und Beladung von Containerschiffen. Der modernste Containerterminal Hamburgs befindet sich seit 2002 in Altenwerder. Für ihn musste ein ganzes Obstbauern- und Fischerdorf mit mehr als 2000 Einwohnern weichen.

Der CTT ging Mitte der 1970er Jahre an den Start. Mit zwölf Containerbrücken und vier Liegeplätzen ist er der kleinste der vier Containerterminals. 59 hochbeinige Van Carrier sind hier im Einsatz, um den Transport zwischen Schiff und Lkw sowie Güterzug zu gewährleisten.

Es dauerte rund zwei Jahrzehnte, bis der Containerumschlag den traditionellen Stückgutumschlag in Hamburg weitgehend verdrängt hatte. Verschwunden sind auch die Schauerleute, die Säcke, Fässer und Kisten in die Frachter luden. Die Containerisierung brachte einen rasanten Rationalisierungsprozess des Güterumschlags mit sich, der Tausende von Arbeitsplätzen vernichtete. Während früher an die einhundert Hafenarbeiter die Ladung eines Schiffes löschten, sind heute nur wenige nötig, um ein Containerfrachtschiff zu entladen. 97 Prozent der in Hamburg umgeschlagenen Stückgutmenge waren 2011 containerisiert. Ob Lebensmittel, Getränke, Textilien, Möbel, Holz oder Bauteile für die Industrie, beinahe alles lässt

13 CONTAINER TERMINAL TOLLERORT

sich in die rechteckigen Stahlbehälter verpacken, die international gültige Standardmaße haben. Gerechnet wird mit TEU, »Twenty Foot Equivalent Unit«, dies entspricht einer Länge von sechs Metern, einer Höhe von 2,60 Metern und einer Breite von 2,44 Metern. Auch die Containerumschlagsmenge, die sich für die Hafenwirtschaft zur bestimmenden Größe entwickelt hat, wird in TEU angegeben. So gingen im Jahr 2011 neun Millionen TEU über die Hamburger Kaikanten, damit liegt Hamburg weltweit auf Platz 14. Platz eins belegt Shanghai mit 31 Millionen TEU.

Wir fahren nun zum Auguste-Victoria-Kai.

HAMBURGER HAFEN UND LOGISTIK AG (HHLA)

1885 gründeten der Hamburger Senat, Kaufleute und die Norddeutsche Bank die Hamburger Freihafen-Lagerhaus-Gesellschaft (HFLG). Ihre Aufgabe war es, die Bauten der Speicherstadt zu errichten und zu verwalten. Das Konstrukt der HFLG ist ein frühes Beispiel für das Zusammengehen von Staat und Privatwirtschaft, um größere Projekte zu realisieren. Die Grundstücke für die neuen Lagerhäuser stellte die Stadt Hamburg, das Kapital die Norddeutsche Bank. Die Kaufleute zeichneten einen großen Teil der Aktien. Die Stadt wurde an der Gewinnausschüttung beteiligt, musste mit dem Geld aber Anteile an der Gesellschaft kaufen und stieg 1928 schließlich zur Alleinaktionärin auf. 1935 fusionierte die HFLG mit der Staatlichen Kaiverwaltung und übernahm mit der Organisation des Warenumschlags auch die Aufsicht über die Kaianlagen. 1939 erhielt sie den Namen Hamburger Hafen- und Lagerhaus-Aktiengesellschaft, den sie behielt, bis sie im Jahr 2005 in Hamburger Hafen und Logistik AG umbenannt wurde. 2007 ist die HHLA mit dem Geschäftsfeld Hafenlogistik an die Börse gegangen, nachdem die Hamburger Bürgerschaft zuvor grünes Licht für den Verkauf von bis zu dreißig Prozent der Aktien gegeben hatte. Die HHLA betreibt die Container Terminals Altenwerder, Burchardkai und Tollerort, wo zwei Drittel der Container im Hamburger Hafen umgeschlagen werden. Tochterunternehmen übernehmen Leistungen im Bereich Logistik, Transport und Immobilien.

 ## KAISER-WILHELM-HAFEN / AUGUSTE-VICTORIA-KAI

Rostige Poller und reichlich Gras zwischen den Steinplatten: Dieser Ort hat Patina angesetzt (Abb. 16). Dass der Kaiser-Wilhelm-Hafen einmal das bedeutendste Hafenbecken Hamburgs war, lässt sich nicht mehr erkennen. Hier verließen einst die großen Schiffe der Reederei Hapag (Abb. 14) die alte Welt (vgl. Veddel-Spaziergang). Der Auguste-Victoria-Kai – benannt nach der Ehefrau Wilhelms II. – ist in weiten Teilen seit Jahren wegen Baufälligkeit gesperrt. Eröffnet wurde der Hafen Anfang des 20. Jahrhunderts, auch der Kuhwerder Hafen, der Ellerholzhafen, der Oderhafen und der Travehafen stammen aus dieser Zeit. Die beiden Letzteren waren, wie ihre Namen schon andeuten, für die Binnenschifffahrt vorgesehen. Die Anlage von Binnenschiffshäfen in der Nähe der seeschifftiefen neuen Hafenbecken gewährleistete den Weitertransport der Waren durch Flüsse und Kanäle.

Mit dem Hafenensemble auf Steinwerder dehnte sich der Hamburger Hafen ein zweites Mal auf die Südseite der Elbe aus, in einem ersten Erweiterungsschritt waren die Hafenbecken am Kleinen Grasbrook entstanden (dazu Näheres vor Ort). Zwischen 1888 und 1914 expandierte der Hafen im Osten bis zu den Elbbrücken und im Westen bis zum Köhlbrand. Die zur Elbe offenen, von schmalen Kaizungen unterbrochenen

14 KAISER-WILHELM-HAFEN, UM 1910

15 AUGUSTE-VICTORIA-KAI, 1906

Hafenbecken sind ein Erkennungsmerkmal der Hafen-Topografie. Charakteristisch ist die Dreiteilung der Hamburger Kaianlagen in Kräne, Schienen und Schuppen (vgl. 50er Schuppen), die am Auguste-Victoria-Kai noch gut zu erkennen ist (Abb. 15). Die kaiserzeitlichen Gebäude haben den Krieg nicht überdauert. Auf ihren Fundamenten ruhen Nachkriegsbauten. Schuppen 71 und 72 wurden bis vor Kurzem noch als Lagerhäuser genutzt. Inzwischen stehen sie leer, um dem geplanten CTS Platz zu machen.

Vom Auguste-Victoria-Kai können wir die elegante Silhouette der

16 AUGUSTE-VICTORIA-KAI HEUTE

Köhlbrandbrücke sehen (Abb. 17). Sie quert seit 1974 den Elbarm Köhlbrand, der bis zum Inkrafttreten des Groß-Hamburg-Gesetzes 1937 die Grenze zu Preußen markierte.

Wir fahren nun zurück auf den Reiherdamm, überqueren den Reiherstieg auf der Argentinienbrücke (Abb. 18) und biegen rechts in die Klütjenfelder Straße. Dieser folgen wir auf dem Fahrradweg bis zum Ernst-August-Kanal.

 ### 6 ERNST-AUGUST-SCHLEUSE / ERNST-AUGUST-KANAL

Die Gezeiten der Nordsee machen sich auch im Hamburger Hafen bemerkbar. Der Tidenhub, das heißt der Unterschied des Wasserstands je nach Ebbe oder Flut, beträgt derzeit 3,60 Meter. Vor rund 140 Jahren war er nicht einmal halb so hoch. Neue Deiche, Sperrwerke, fehlende Überflutungsflächen und die Vertiefung der Fahrrinne haben den Tidenhub in der Elbe ansteigen lassen. Schleusen regulieren die Strömung, verringern die Fließgeschwindigkeit und überwinden Höhenunterschiede des Wasserstandes. Seit 1852 schiebt die Ernst-August-Schleuse, die Elbe und Ernst-August-Kanal verbindet, dem Fluss einen Riegel vor. Zwischen 2009 und 2012 hat die HPA sie für 26 Millionen Euro aufwendig erneuert (Abb. 19). Die Arbeiten erfolgten im Rahmen des Hochwasserschutzes. Die Schleuse

17 + 18 BLICK AUF KRONPRINZENKAI UND KÖHLBRANDBRÜCKE / ARGENTINIENBRÜCKE, UM 1930

19 ERNST-AUGUST-SCHLEUSE

führt durch den Klütjenfelder Hauptdeich, ihre Tore sind an die aktuelle Schutzlinie von 8,10 Metern angepasst. Hier, am Spreehafen, im Norden Wilhelmsburgs, brachen während der Sturmflut von 1962 die über hundert Jahre alten Deiche – mit verheerenden Folgen. Die Wassermassen überschwemmten das Schrebergartengelände hinter dem Berliner Ufer und breiteten sich in ganz Wilhelmsburg aus. Über 300 Menschen ertranken in den kalten Fluten. Nach der Flutkatastrophe erhielt Wilhelmsburg einen Ringdeich, der nicht nur die Wohnbevölkerung, sondern auch Gewerbe- und Industriebetriebe sowie Straßen, Autobahn- und Eisenbahnstrecken schützt.

Recht futuristisch wirkt das neue Schleusenwärterhaus mit seiner Fassade aus gefalteten Blechpaneelen und gekippten Glaselementen. Die repräsentative Gestaltung des Bauwerks ist der Funktion geschuldet, die der Schleuse zukommt. Sie ist eine Schnittstelle auf dem Weg in den Süden Hamburgs, der städtebaulich aufgewertet werden soll. Seit 2013 verkehrt die Fährlinie 73 zwischen den Landungsbrücken und der Ernst-August-Schleuse. Außerdem gelangen Sportboote sowie Baufahrzeuge über die Schleuse nach Wilhelmsburg.

Der Spreehafen wurde Ende des 19. Jahrhunderts als Überwinterungsplatz für Binnenschiffe mit östlichen Zielen angelegt. Seit einigen Jahren bestimmen Hausboote das Bild, die zwar offiziell nicht erlaubt, aber geduldet werden. Auch der Spreehafen gehörte zum Freihafenbezirk und war bis 2012 durch einen störenden Zollzaun vom Stadtteil Wilhelmsburg getrennt. Dieser ist mittlerweile entfernt worden, sodass ungehinderter Zugang zum Wasser besteht.

Wir fahren jetzt die Klütjenfelder Straße wieder ein Stück in nördliche Richtung und biegen rechts in die Brandenburger Straße. Nach einem guten halben Kilometer überqueren wir auf der linken Seite über die Brandenburger Brücke den Veddelkanal und halten uns rechts. Entlang an den Gleisen des Hafenbahnhofs Hamburg-Süd gelangen wir zu einer Unterführung. Zwei Treppen weiter stehen wir am Veddeler Damm, den wir überqueren. Über die Dessauer Straße hinweg geht es jetzt Richtung Australiastraße, in die wir rechts einbiegen.

Wer sein Fahrrad nicht über die Treppen transportieren möchte, fährt statt in die Brandenburger Straße die Klütjenfelder Straße weiter bis zum Veddeler Damm, dem man in östlicher Richtung gut anderthalb Kilometer bis zur Australiastraße folgt.

7 SCHUPPEN 50–52, AUSTRALIASTRASSE

Bereits zu Zeiten des traditionellen Stückgutumschlags war der Hamburger Hafen als schneller Umschlagplatz berühmt. Dies ist auf die effiziente Organisation der neuen Kaianlagen zurückzuführen, die sich in den 1860er Jahren durchsetzte. An beiden Seiten der schmalen Kaizungen – auch »Fingerpiers« genannt – entstanden langgezogene Schuppen, in denen die Güter sortiert und kontrolliert wurden. Zwischen Schuppen und Kaikante verliefen Eisenbahngleise für den raschen Transport der Waren. Bewegliche Kräne hievten die Fracht zum oder vom Schiff. Der wasserseitige Umschlag erfolgte mit Schuten, die an Duckdalben neben den großen Schiffen festmachten. Und auch einen Anschluss an das Straßennetz gab es, um die Güter zusätzlich mit Fuhrwerken transportieren zu können. Dieses System bewährte sich, auch nach den Zerstörungen des Zweiten Weltkriegs griff man auf die Kaizungen-Dreiteilung zurück.

20 + 21 KOPFBAU SCHUPPEN 52 / SCHUPPEN 52

Die Anlage der 50er Schuppen an der Australiastraße gibt einen guten Eindruck von den goldenen Zeiten des Stückgutumschlags, der hier bis in die 1980er Jahre stattfand. Tausende von Hafenarbeitern sorgten jahrzehntelang für die möglichst schnelle Abfertigung unzähliger Schiffe aus aller Welt. Die Männer schleppten Kisten, Säcke und Fässer, die sie von den Kränen entgegennahmen. Einziges Hilfsmittel waren Sackkarren. Der Gabelstapler wurde erst in den 1950er Jahren erfunden.

Die Gebäude entstanden zwischen 1909 und 1912. Angelegt als dreischiffige Hallen mit Holzkonstruktion und Fensterbändern, entsprechen sie den Kaischuppen, die jahrzehntelang das Bild des Hamburger Hafens prägten. Die eher schlicht gehaltenen Kopfbauten aus Backstein mit Walmdach enthielten Verwaltungsräume und – ein Novum – Sozial- und Sanitärräume für die Arbeiter. Mit Turm, Giebeln und hölzernem Erker fällt allein das Kopfgebäude von Schuppen 52 repräsentativer aus, was vermutlich seiner exponierten Lage an der Wasserfront des südlichen Elbufers und der damit verbundenen Fernwirkung geschuldet ist (Abb. 20). Leider verschonte der Krieg auch diese Gebäude nicht, original erhalten sind nur die Schuppen 50 und 52 (Abb. 21), Schuppen 51 ist ein vereinfachter Wiederaufbau mit Satteldach, und Schuppen 53 musste einem modernen Zollgebäude weichen. Auf Initiative der Stiftung Hamburg Maritim wurden die Bauten 2002 unter Denkmalschutz gestellt und vor

22 SPEISEHALLE REIHERDAMM (VERSETZUNG DES KOPFTEILS), 1907
23 BEAMTENWOHNHAUS IM KOPFBAU DES SCHUPPENS 51

dem Abbruch bewahrt. Das Hamburger Denkmalschutzamt wertete die
50er Schuppen in einem Gutachten als »Höhepunkt der Schuppen- und
Kaianlagenarchitektur der Kaiserzeit in Hamburg«.

Im Schuppen 50A haben die Stiftung Hamburg Maritim und das Museum der Arbeit 1999 das Hafenmuseum eröffnet. Zu sehen sind Exponate aus der Geschichte des Schiffbaus und des Hafenumschlags. Einkehr
halten kann man in einer historischen »Kaffeeklappe«, die nun als Muse-
umscafé dient. Kaffeeklappen entstanden Ende des 19. Jahrhunderts im
Freihafen, um die Arbeiter mit einfachen Speisen und nichtalkoholischen
Getränken zu versorgen (Abb. 22). Diese wurden durch eine breite Klappe
gereicht, daher rührt der Name. Zu dem Museum gehört eine Außenan-
lage am Bremer Kai. Hier erinnern zahlreiche Stückgutkräne an die Zeit
des Hafenumschlags vor der Containerisierung. Auch Fans historischer
Schienenfahrzeuge kommen am Bremer Kai auf ihre Kosten. Dampfloks
und Eisenbahnwaggons, die einst Güter und Arbeiter beförderten, werden
hier originalgetreu restauriert (Abb. 24). Mit der MS Bleichen ist ein Stück-
gutfrachter aus dem Jahr 1958 zu besichtigen, den die Stiftung Hamburg
Maritim vor der Abwrackwerft rettete (Abb. 25).

Für Hafenflair sorgt auch der intensive Duft nach Gewürzen, den man
wahrnimmt, wenn man die Australiastraße in nördliche Richtung fährt.

24 RESTAURIERTE DAMPFLOK

Die Firma Werner Bruns lagert im Schuppen 52B Tausende von Säcken Nelken, Pfeffer und Kardamom. Die Heinrich Osse Lagerhaus GmbH nutzt Schuppen 50B als Lagerfläche. Schuppen 52A wird als Event-Location vermietet.

Den Charme des Ortes haben längst die Filmemacher entdeckt. »Der Untergang der Wilhelm Gustloff«, »Großstadtrevier«, »Notruf Hafenkante«: Zahlreiche TV-Produktionen wurden hier bereits abgedreht. Auch das verfallene ehemalige Beamtenwohnhaus (Abb. 23) am Ende der Australiastraße diente bereits als Kulisse. Es wurde 1911 für leitende Hafenbeamte und ihre Familien gebaut und steht seit der Sturmflut von 1976 leer. Vor einer möglichen Sanierung müssen am Bremer Kai zunächst Hochwasserschutzmaßnahmen durchgeführt werden. Damit wurde 2012 begonnen.

8 HANSAHAFEN / HANSAHÖFT

Vom Hansahöft hat man einen hervorragenden Blick auf die Nordseite der Elbe mit der Hafencity und der Elbphilharmonie. Nicht zu erkennen sind die Reste des Segelschiffhafens östlich des Amerikahöfts (Abb. 26), der 1976 zum großen Teil zugeschüttet wurde. Mit seiner Fertigstellung im Jahr 1888 dehnte sich der Hamburger Hafen erstmalig auf das südliche Elbufer aus. Verbunden war das seeschifftiefe Hafenbecken mit den Binnenschiffhäfen Moldau- und Saalehafen. Es folgten der Südwesthafen, der Hansahafen, der Indiahafen und der Spreehafen. 1892 entstanden am

25 LÖSCHEN DER LADUNG AUF DER MS BLEICHEN

Amerikakai Baracken für die Passagiere, die mit Hapag-Schiffen nach Amerika emigrierten (vgl. Veddel-Spaziergang). Der Indiahafen und der größere Teil des Südwesthafens wurden in den 1990er Jahren verfüllt, um neue Lagerflächen zu schaffen.

Am gegenüberliegenden O'Swaldkai warten regelmäßig Hunderte von Autos auf ihre Verschiffung nach Afrika, Südamerika oder in den Mittleren Osten. Verladen werden sie auf sogenannte RoRo-Schiffe (Roll-on / Roll-off), das sind Schiffe, die bewegliche Güter transportieren. Vor allem dreht sich am O'Swaldkai aber alles um die Banane. Rund 700 000 Tonnen der Südfrucht gelangen jährlich aus Costa Rica und Ecuador in den Hafen. Hamburg ist neben Antwerpen der wichtigste Umschlagplatz für Bananen in Europa. Im Lager des Frucht- und Kühlzentrums der HHLA stapeln sich außerdem Ananas, Äpfel und Orangen, ehe sie weitertransportiert werden. Mit dem Übersee-Zentrum am Prager Ufer betreibt die

HHLA zudem einen Lager-
und Distributionskomplex.

Wir fahren nun die Aus-
traliastraße zurück und
biegen links auf den Ved-
deler Damm. Nach rund
500 Metern erreichen wir
die Dessauer Straße.

→ ABSTECHERTIPP A
HARBURGER CHAUSSEE

Wer sich fragt, wo die rund
1200 Einwohner des Ha-

26 SEGELSCHIFFHAFEN, 1890

fenstadtteils Kleiner Grasbrook leben, sollte sich die zwei Kilometer ent-
fernten Wohnhäuser in der Harburger Chaussee 25–119 anschauen. Hierzu
geht es den Veddeler Damm in östliche Richtung, dann rechts in die Straße
Am Gleise und noch einmal rechts auf den Wilhelmsburger Platz. Über die
Wilhelmsburger Brücke überquert man den Müggenburger Zollhafen und
fährt rechts in die Harburger Chaussee.

Seit 1894 gehört dieser schmale Streifen an der Grenze zu Wilhelmsburg und Veddel zum Kleinen Grasbrook. Die dunkelroten Backsteinriegel
mit Walmdach errichtete der Bau- und Sparverein zu Hamburg zwischen
1914 und 1921 (Abb. 27), um Wohnraum für Arbeiter zu schaffen, die zuvor
in den zum Abbruch freigegebenen Gängevierteln in der Innenstadt ge-
lebt hatten (vgl. Veddel-Spaziergang). Schön ist hier nur der Blick auf den
Spreehafen, den man von den oberen Stockwerken aus genießen kann. Ansonsten besteht dringender Renovierungsbedarf, der wohl ein Grund für
die hohe Fluktuation der Mieter ist. Aber nicht der einzige, denn die Harburger Chaussee zählt mit einem Lärmpegel von bis zu achtzig Dezibel zu
den lautesten Straßen Hamburgs. Der Lkw-Verkehr des Hafens donnert
täglich an den Wohnblöcken vorbei. Kein Wunder, dass es hier nur wenige
lange aushalten. Dabei hätte der Ort in Wasserlage etwas anderes verdient.

9 LAGERHAUS G, DESSAUER STRASSE 2—8

Das Gebäude ist ein Beispiel für kaiserzeitliche Lagerhausarchitektur in Hamburg außerhalb der Speicherstadt. Breit lagert der imposante Speicher im Saalehafen, dessen Wasserfläche den wuchtigen Bau spiegelt (Abb. 28). Während Fassaden und Dächer der Speicherstadtbauten reich mit keramischen Elementen, Glasursteinen, Türmen und Giebeln geschmückt sind, fällt hier die Gestaltung wesentlich karger aus. Ein flaches Satteldach, horizontale Zierbänder und kleine Lochfenster an den Seiten sind die Zutaten der sparsamen Dekoration des Gebäudes, das 1907 fertig gestellt wurde. Der massige Bau ruht auf einer eindrucksvollen Pfeilerkonstruktion, die bei Niedrigwasser sichtbar ist. Anders als in den Kaischuppen wurde hier die Ware – Tabak – über einen längeren Zeitraum aufbewahrt.

Der trutzige Komplex birgt eine dunkle Geschichte, die auch auf einer zweisprachigen schwarzen Tafel dokumentiert ist. Im Sommer des Jahres 1944 waren in den Kellern zunächst bis zu 1500 jüdische Frauen aus dem Vernichtungslager Auschwitz untergebracht, die Aufräumarbeiten

27 HÄUSERFRONTEN AN DER HARBURGER CHAUSSEE, 1914

28 LAGERHAUS G

im Hafen, vor allem für die Mineralölindustrie, leisten mussten. Im Herbst folgten rund 1500 männliche Häftlinge, die im Gleis- und Panzergrabenbau eingesetzt wurden. Eingekratzte Spuren in den Kellergewölben, Inschriften der Insassen, sind Hinterlassenschaften dieser mörderischen Zeit.

Im Hafen gab es mehrere solcher Außenlager, allein das Lagerhaus G blieb erhalten. Heute vermietet die LG Lagerhaus und Handelsgesellschaft mbH das denkmalgeschützte Gebäude für Lagerzwecke und auch für Filmaufnahmen.

Vorbei an Lagerhaus F, einem Bau aus den 1950er Jahren, und Lagerhaus E fahren wir die Dessauer Straße in nördliche Richtung. Wir biegen rechts auf die Sachsenbrücke und dann links in die Straße Am Moldauhafen.

10 MOLDAUHAFEN, DRESDENER UFER, AM MOLDAUHAFEN

»In den Häfen Hamburg und Stettin verpachtet Deutschland der Tschecho-Slowakei für einen Zeitraum von 99 Jahren Landstücke, die unter die allgemeine Verwaltungsordnung der Freizonen treten und dem unmittelbaren Durchgangsverkehr der Waren von oder nach diesem Staate dienen sollen.« So wurde es 1919 in Artikel 363 des Versailler Vertrages festgehalten. Die Regelung trat 1928 in Kraft und gilt noch heute – dem Wechsel der politischen Systeme zum Trotz. Tschechien kann im Moldauhafen ein 30 000 Quadratmeter großes Gelände für den Warenumschlag nutzen und verfügt auf diese Weise bis zum Jahr 2028 über einen Zugang zu den Weltmeeren. Allerdings ist der Schiffsverkehr zwischen Tschechien und Hamburg stark zurückgegangen, nachdem die Tschechoslowakische Elbe-Schiffahrtsgesellschaft, die nach der politischen Wende 1993 den

Hafen nutzte, 2002 Konkurs anmelden musste. Nennenswerte Revitalisierungsbemühungen hat es seitdem nicht gegeben.

Über die rund hundert Jahre alte Freihafenbrücke (Abb. 29) überqueren wir nun die Norderelbe und folgen der Versmannstraße, die in ihrer Verlängerung

29 FREIHAFENELBBRÜCKE, UM 1926

erst Überseeallee und dann Am Dalmannkai heißt. Nach knapp zweieinhalb Kilometern biegen wir rechts in die Straße Großer Grasbrook. Hundert Meter weiter gelangen wir zu den Magellan-Terrassen.

11 SANDTORHAFEN, MAGELLAN-TERRASSEN

Bis zum Jahr 2003 gehörte das Gelände von Speicherstadt und Hafencity zum nordöstlichen Freihafengebiet. In der Speicherstadt werden heute vor allem Teppiche gelagert. Ansonsten überwiegt die touristische Nutzung durch Museen und Gastronomiebetriebe. Mit der Hafencity entsteht auf einer Fläche von rund 150 Hektar ein ganz neuer Stadtteil, in dem bis Mitte der 2020er Jahre 12 000 Menschen wohnen und 40 000 Menschen ihren Arbeitsplatz haben sollen. Entwickelt wird die Hafencity seit der Jahrtausendwende auf ehemaligen Hafenflächen, die größtenteils brachlagen, weil sich der Hafenbetrieb längst in den Westen verlagert hatte.

Der Bau des Sandtorhafens markiert den Beginn der modernen, industriell geprägten Hafenwirtschaft. Mit seiner Eröffnung war die Zeit vorbei, in der die großen Seeschiffe an Duckdalben mitten im Strom festmachten, während ihre Ladung auf Binnenschiffe und Schuten verladen wurde. Lange Kaimauern, Kräne und Kaischuppen sowie der Anschluss an Straße und Eisenbahnnetz ermöglichten nun den schnellen landseitigen

30 SANDTORKAI, 1910

Warenumschlag (vgl. 50er Schuppen, Abb. 30). Der Sandtorhafen wurde zum Vorbild für alle folgenden Hafenbecken. Was heute so selbstverständlich erscheint, war das Ergebnis jahrelanger Diskussionen. Bereits 1845 hatte der damalige Hamburger Wasserbaudirektor Heinrich Hübbe der Stadt den Plan eines Dockhafens nach Londoner Vorbild vorgestellt. Ein Dockhafen schottet sich durch Schleusen vom offenen Strom ab, was bei dem Londoner Tidenhub von sechs Metern durchaus sinnvoll war. In Hamburg stieß das Konzept auf Ablehnung, weil man zu Recht fürchtete, dass Schleusen den Schiffsverkehr zu sehr behindern würden. Weitere 13 Jahre vergingen, bis Hübbes Nachfolger Johannes Dalmann der Hamburger Regierung seinen Entwurf eines offenen Tidehafens präsentierte. Dieses Mal ließen sich die Herren überzeugen, nicht zuletzt weil der Hamburger Tidenhub viel geringer als der Londoner ist. 1866 konnte auf dem Großen Grasbrook das erste künstliche Hafenbecken Hamburgs eingeweiht werden, das ausschließlich für Dampfschiffe konzipiert war.

CAFÉS / RESTAURANTS / IMBISSE

Historische Kaffee-klappe

Hafenmuseum Hamburg
Australiastraße, Kopfbau des
Schuppens 50A
www.stiftung-hamburg-maritim.de
→ *Bockwurst, Kaffee und Kuchen zu günstigen Preisen*

Mobiler Imbiss und Eiswagen

Schanzenweg
(Aussichtsplateau auf der Südseite des
Alten Elbtunnels)
→ *Snacks, Getränke und Eis mit Panoramablick*

»Zum Lütten Foffteiner«

Dessauer Straße
20459 Hamburg
→ *Kaffee, Currywurst und Nackensteaks für Trucker (nur wochentags)*

KULTUR

Stiftung Historische
Museen Hamburg
Museum der Arbeit – Standort: Hafenmuseum Hamburg
Australiastraße, Kopfbau des
Schuppens 50A
www.stiftung-hamburg-maritim.de
→ *Exponate zu den Themen Hafenumschlag, Schiffbau und Revierschifffahrt*

Schumachersiedlung * »Prima Klima-Anlage« * Immanuelkirche * Schule Slomanstieg * Slomansiedlung mit Findling * »Co2olBricks« * Verkehrswege und -probleme Veddeler Brückenstraße * ehemalige Chemische Fabrik der GEG * ehemalige Polizeikaserne * Ballinstadt

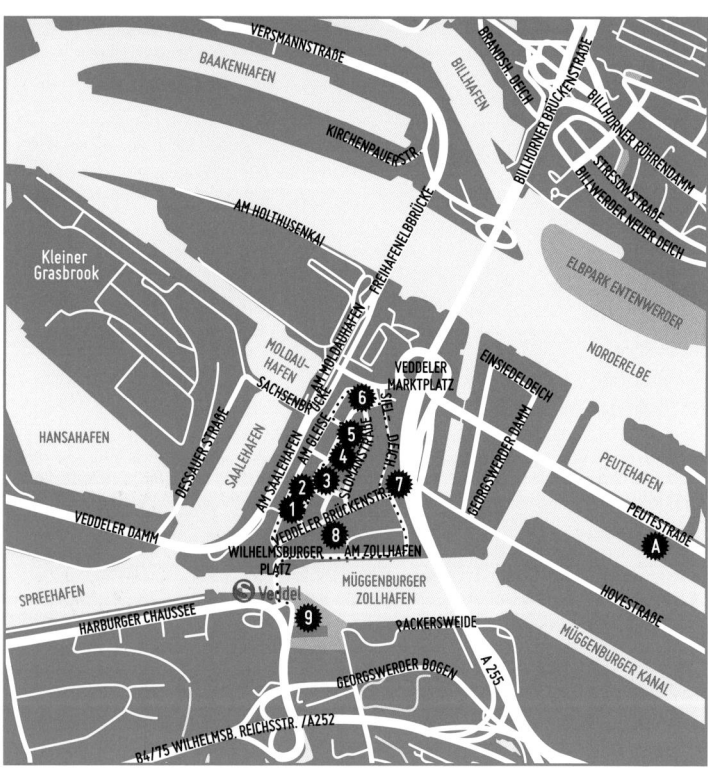

START: S-Bahnhof Veddel (Ausgang Wilhelmsburger Platz / S3, S31)
ENDPUNKT: Veddeler Bogen 2 (Ballinstadt / S3, S31)
DAUER: etwa 1,5 Stunden

Jahrhundertelang gab es auf der Elbinsel Kleine Veddel mehr Tiere als Menschen. Wie der Name schon andeutet – Veddel bedeutet Weideland –, grasten auf den saftigen Marschwiesen Pferde und Kühe. 1811 lebten hier nur 18 Menschen. Zu Hamburg gehört die Kleine Veddel – in Abgrenzung zur Großen Veddel, die 1894 dem Kleinen Grasbrook zugeschlagen wurde – seit 1768. In diesem Jahr schlossen Hamburg und Dänemark einen Vertrag, den Gottorper Vergleich, der den Hamburgern unter anderem die bis dahin dänischen Elbinseln in der Norderelbe wie die Kleine und Große Veddel und die Peute sicherte. 1894 wurde die Veddel ein Stadtteil Hamburgs. Im letzten Drittel des 19. Jahrhunderts begann die Entwicklung zum hafennahen Wohnquartier für Arbeiter (Abb. 1), die sich in den 1920er Jahren mit dem Bau einer Großsiedlung fortsetzte. Geschah der Wiederaufbau der vielfach kriegszerstörten Backsteinbauten noch in dem Bewusstsein, ein bedeutendes Wohnquartier zu erhalten, so begann spätestens nach den Flutschäden von 1962 eine Vernachlässigung des Viertels. Die einst begehrten, allerdings meist kleinen Wohnungen genügten den gestiegenen Ansprüchen nicht mehr. Die Einwohnerzahlen sanken, wer es sich leisten konnte, zog weg. Sozialhilfeempfänger und »Gastarbeiter« kamen und blieben. Die Wohnungen waren zwar günstig, dafür

1 VEDDELER MARKTPLATZ MIT NEUER ELBBRÜCKE, 1905

aber häufig in schlechtem Zustand. Es vergingen fast zwanzig Jahre, bis die Stadt 1979 den Handlungsbedarf erkannte und mit Maßnahmen zur Verkehrsberuhigung sowie zur Neugestaltung von Straßen und Plätzen reagierte. Die Neue Heimat, der damals der Großteil der Siedlungsbauten gehörte, modernisierte Wohnungen und legte sie zusammen. Heute leben auf der Veddel knapp 5000 Menschen, von denen siebzig Prozent einen Migrationshintergrund haben. Gemüse- und Dönerläden sowie eine Moschee, untergebracht in einem Ladenlokal, prägen vor allem das Geschehen in der Veddeler Brückenstraße. Inzwischen gibt es dort auch einen Laden für handgefertigte Kopftücher, Tellerröcke und Wickeloberteile, in dem modebewusste muslimische Frauen – aber nicht nur diese – individuelle Kleidungsstücke kaufen können (Abb. 2 + 3).

In den vergangenen Jahren haben städtebauliche Projekte wie der »Sprung über die Elbe« sowie die IBA weitere Veränderungen gebracht (vgl. Reiherstieg-Spaziergang und Wilhelmsburg-Mitte-Spaziergang). Dazu zählen der Zuzug von Studenten und das »Haus der Projekte« am südlichen Ufer des Müggenburger Zollhafens. Letzteres versammelt verschiedene Initiativen unter einem Dach, die Jugendliche beim Start ins Berufsleben unterstützen und ihnen Angebote zur Freizeitgestaltung machen. In erster Linie hat sich in der vergangenen Zeit aber wohl das Bewusstsein für Probleme und Potenziale des Stadtteils geschärft.

2 + 3 KOPFTÜCHER UND TASCHEN VON DER VEDDEL

4 SCHUMACHERSIEDLUNG, 1930

1 SCHUMACHERSIEDLUNG
AM GLEISE 32–40 / IMMANUELPLATZ 197 / VEDDELER DAMM 10,
12 / WILHELMSBURGER STRASSE 76–90

Rotklinker und Flachdach: Diese Vorgaben erhielten die Architekten der Großsiedlung Veddel von der Hamburger Hochbauabteilung, deren Leitung Fritz Schumacher als Oberbaudirektor zwischen 1909 und 1933 innehatte. Zum ersten Mal wurde hier das zum Formenkanon des Neuen Bauens gehörende Flachdach für eine Wohnsiedlung in Hamburg vorgeschrieben. Ein Novum war auch die Erprobung des Bauvorhabens im Modell mit dem Ziel, »für das ganze Gelände einen einheitlichen Charakter zu erzielen« (Abb. 4), wie es in »Hamburg und seine Bauten 1929–1953« heißt. Das Planungsinstrument bewährte sich und kam bei allen weiteren Wohnbauprojekten zum Einsatz. Der Hamburger Staat nahm nicht nur

Einfluss auf die Ästhetik der Bauten, sondern auch auf deren Zuschnitt. Die gründerzeitlichen Etagenhäuser mit Hinterflügeln an schmalen, tiefen Freihöfen, die ihren Bewohnern wenig Licht und schlechte Belüftungsmöglichkeiten boten, sollten der Vergangenheit angehören. Die Hamburgische Beleihungskasse vergab Kredite nur an Baugenossenschaften und -gesellschaften, die durch Randbebauung der Grundstücke große, begrünte Innenhöfe schufen.

1926 begann die Bautätigkeit und überdauerte auch die Weltwirtschaftskrise. Nur sechs Jahre später waren alle Blocks fertig gestellt, gerade noch rechtzeitig, denn im Jahre 1932 stoppte in Hamburg der Mietshausbau. Vergleichbar der Jarrestadt in Winterhude war ein geschlossenes Gebiet mit einheitlich wirkenden, aber durchaus individuell gestalteten, kubischen Bauten entstanden (Abb. 5). Obwohl dem sechsten Geschoss »ein grundsätzlicher Kampf« galt, wie es in »Hamburg und seine Bauten 1918–1929« heißt, sind die Mietshäuser fünf- und sechsstöckig ausgefallen. Aufgrund der hohen Bebauungsdichte ist auch der Anteil der in den 1920er Jahren im Wohnungsbau geforderten Grünflächen eher gering.

Die Einwohnerzahlen Veddels stiegen rasant an. Wohnten hier 1920 rund 5300 Menschen, waren es nach Fertigstellung der Siedlung 13 500 Bewohner, die sich auf 3627 Wohnungen verteilten, wozu aber auch die schon in den vorangegangenen Jahrzehnten entstandenen Etagenhäuser zählten. In den monumental anmutenden Bauten lebten nun auch Arbeiterfamilien, die zuvor in den kleinen Fachwerkhäusern zwischen Steinstraße und Meßberg gewohnt hatten, welche dem neuen Kontorhausviertel Platz machen mussten. Die neuen Wohnungen waren recht bescheiden, viele verfügten über nur zwei Zimmer, manche hatten nicht einmal eine Dusche geschweige denn ein Vollbad, und warmes Wasser gab es nur im noch heute so genannten »Warmwasserblock« zwischen Drevesweg, Meckelburgsweg, Am Gleise und Wilhelmsburger Straße. Dennoch stellten die Wohnungen meist eine deutliche Verbesserung gegenüber den vorherigen Wohnverhältnissen dar. Wie die anderen Siedlungsbauten wurde auch dieser Wohnblock als Zweispänner errichtet, das heißt, pro Geschoss befinden sich zwei Wohnungen. Das Erdgeschoss war für kleinere Läden vorgesehen. Den Entwurf für den Komplex lieferte das Hamburger Architekturbüro Distel und Grubitz, das in den 1920er Jahren noch sieben weitere Wohnanlagen in Hamburg errichtete.

5 BAUBLOCK AM IMMANUELPLATZ, 1930

Besonders in der Wilhelmsburger Straße sehen wir, dass die Architekten auf eine abwechslungsreiche Gestaltung achteten. Vertikale Einschnitte und dreieckige Erkervorsprünge gliedern die Fassade und unterbrechen die langen Fensterreihen. Balkone und Dachbodenfenster in unterschiedlichen Formen lockern die Strenge des horizontalen Dachabschlusses auf. Auch der Backstein dient der Fassadengestaltung. Für einen lebendigen Eindruck sorgen eine uneinheitliche Oberflächenstruktur und unterschiedliche Farbtöne, die durch Unregelmäßigkeiten im Klinkerbrand entstehen. Das Gebäude steht unter Denkmalschutz.

BACKSTEINBAUTEN: ENERGETISCHE QUALIFIZIERUNG UND DENKMALPFLEGE

»Verliert Hamburg sein ›rotes‹ Gesicht?«, fragte 2008 eine Veranstaltung der Handwerkskammer. Der Architekturhistoriker Hermann Hipp sprach im »Jahrbuch Architektur in Hamburg 2009« von der »gnadenlosen Verarmung der Oberflächen« und die Fritz-Schumacher-Gesellschaft auf ihrer Homepage von »unreflektierter Fassadendämmung«. Gemeint ist die seit Jahren gängige Praxis, die Backsteinfassaden der Zwanziger-Jahre-Siedlungen mit sogenannten

Wärmedämmverbundsystemen zu sanieren. Anstelle von Steinen in schillernden, warmen Rottönen und mit unebenen Oberflächen erblickt man vielerorts vorgeklebte Klinkerimitate aus Kunststoff, die trotz allen Bemühens meist sehr steril wirken und die Alterungsfähigkeit ihrer Vorgänger vermissen lassen. Die gemauerten Wände zahlreicher Wohnanlagen sind bereits hinter derlei Meldorfer Klinker genannten Materialien verschwunden, was sichtbare Spuren in den stadtbildprägenden Quartieren der Weimarer Zeit hinterlässt. Denkmalschützer und Architekturkritiker beklagen schon seit einigen Jahren den Verlust städtischer Identität, da die Großsiedlungen für Hamburg genauso wichtig seien wie Alstersee oder Speicherstadt.

Dem Erhalt der historischen Fassaden gegenüber steht die Dringlichkeit der Energieeinsparung, ein Konflikt, den man auch auf die Formel »Denkmalschutz versus Klimaschutz« bringen kann. Der rote Klinker, der so ästhetisch altert, hat einen entscheidenden Nachteil: Aufgrund der fast porenlosen Masse des Steins verfügt er nur über ein schlechtes Wärmedämmungsvermögen. Zudem führen Mängel durch Kriegsschäden und falsche Sanierungsversuche dazu, dass die Bewohner mancher Wohnungen heute mit feuchten Räumen zu kämpfen haben. Die Wärmedämmverbundsysteme scheinen eine preisgünstige Antwort auf diese Tatsache und die sich stetig verschärfenden Energiesparverordnungen zu sein und werden daher auch staatlich gefördert. Doch es gibt auch andere Lösungen. Das Denkmalschutzamt konzentriert sich seit Langem auf Systeme, die die Fassade nicht verändern – mit Erfolg. So konnten mithilfe der Fugensanierung beispielsweise Wohnbauten in Barmbek denkmalgerecht energetisch qualifiziert werden. Diese Form der Sanierung lässt die Wände trocknen und zeitigt so Energiespareffekte. Weitere Möglichkeiten werden an Station zwei und sechs beschrieben. Nicht zuletzt ist eine klima- und zugleich denkmalgerechte Sanierung von Backsteinbauten auch eine Frage des politischen Willens.

6 ENERGETISCH SANIERTE FASSADE AN DER WILHELMSBURGER STRASSE

 PROJEKT »PRIMA KLIMA-ANLAGE«, WILHELMSBURGER STRASSE 76–82

Auch die IBA Hamburg hat die Bekämpfung des Klimawandels zu einem ihrer drei Leitthemen erkoren. Mit Projekten zur energetischen Sanierung des Gebäudebestands und zur Erzeugung erneuerbarer Energien soll gezeigt werden, wie sich CO_2-Emissionen reduzieren lassen, und zwar in einem größeren Maße, als es die Hamburger Klimaschutzverordnung fordert.

Dass sich Denkmalschutz und Klimaverträglichkeit nicht ausschließen müssen, zeigen die Wohnbauten Wilhelmsburger Straße 76–78 und 80–82 aus dem Jahr 1926 (Abb. 6). Die verputzten Fassaden im Hofbereich erhielten eine 18 Zentimeter starke Außendämmung und Passivhausfenster mit Dreifachverglasung, Dach und Kellerdecken wurden mit einem dreißig bzw. zwölf Zentimeter dicken Dämmstoff versehen. Zudem ver-

7 SOLARTHERMIEANLAGE AUF DEM WOHNBLOCK WILHELMS-BURGER STRASSE

bessert eine Solarthermie-anlage auf den Dächern die Ökobilanz der denkmalge-schützten Häuser (Abb. 7). Ihr Energiebedarf erreicht nun annähernd den Stan-dard für Neubauten, und das ganz ohne wärmedäm-menden Backsteinersatz im Straßenbereich. Die historische Fassade konnte erhalten werden.

Ermöglicht hat dieses Projekt die Hamburgische Wohnungsbaukredit-anstalt, die vierzig Prozent der Investitionskosten übernahm. Innerhalb von zehn Jahren müssen die Bauherren die Fördergelder zurückzahlen, in dieser Zeit dürfen sie die Mieten nur geringfügig erhöhen.

Die IBA Hamburg beteiligt sich mit den Bauten auf der Veddel an »Co2olBricks«, einem EU-Projekt, das von acht Ostseeanrainerstaaten und Weißrussland ins Leben gerufen wurde. Führendes Mitglied ist das Denkmalschutzamt Hamburg. Das Projekt hat das Ziel, das historische Erbe der Backsteinarchitektur mit den heutigen Anforderungen des Kli-maschutzes in Einklang zu bringen.

3 IMMANUELKIRCHE, WILHELMSBURGER STRASSE 73

Schon von Weitem ist der markante Turm mit der filigranen Uhr und dem kupfernen Turmhelm zu sehen, den eine Kugel mit einem Kreuz krönt (Abb. 8 + 9). Seine Eleganz erhält er durch die Öffnung, die auf dem First des Schiffes beginnt und mit Betonstreben vergittert ist. Die Kir-che entstand in nur zwei Jahren (1952–1954) nach Plänen des Architekten Hermann Schöne, der auch die St.-Gabriel-Kirche in Barmbek und die Paul-Gerhardt-Kirche in Winterhude errichtete. Der Gesamteindruck

8 WOHNBLOCK DER SCHUMACHERSIEDLUNG MIT DER IMMANUELKIRCHE IM HINTERGRUND, 1932

wird von dem neugotischen Vorgängerbau mitbestimmt, auf dessen Fundament – in den Boden gerammten Pfählen – die Immanuelkirche ruht.

Ihr erstes Gotteshaus bekamen die Veddeler 1905, zuvor hatten sie die Kirche in Rothenburgsort besuchen müssen. Der Kirchbau geschah auf Initiative eines privaten Vereins unter Vorsitz des Pastors Paul Ebert, das Grundstück stellte der hamburgische Staat. Als Architekten konnte man Hugo Groothoff gewinnen, der in Hamburg zahlreiche Kirchen realisierte, von denen viele während des Zweiten Weltkriegs zerstört wurden. Auch die Immanuelkirche ging 1944 im Bombenhagel unter. In den folgenden zehn Jahren stand die Kirche auf dem Gelände der Auswandererhallen für Gottesdienste zur Verfügung.

Heute gehört die evangelisch-lutherische Veddeler Kirchengemeinde zu den kleinsten Gemeinden Hamburgs. Sie zählt rund 850 Mitglieder und

9 GLOCKENTURM DER
IMMANUELKIRCHE

umfasst damit nur etwa 17 Prozent der Einwohner. Auch die afrikanische Partnergemeinde nutzt die Räumlichkeiten der Immanuelkirche. Neben der Kirche befindet sich ein evangelisches Kindertagesheim.

Gemeinsam mit dem Sportplatz und der Slomanschule nimmt die Immanuelkirche die Mitte der Schumacher-Siedlung ein.

Wir gehen nun an dem Sportplatz vorbei und gelangen zu der Schule.

 4 SCHULE SLOMANSTIEG, SLOMANSTIEG 1

Die Schule als Mittelpunkt der Wohnanlagen ist ein Charakteristikum der Schumacher-Siedlungen. Wie viele andere öffentliche Gebäude entwarf Schumacher die Schulbauten selbst, beispielsweise die Schule Meerweinstraße in der Jarrestadt, das heutige Gymnasium Krausestraße in Dulsberg oder die Schule Langenfort in Barmbek-Nord. Die Schule Slomanstieg war als Volksschule konzipiert und gehörte mit 38 Klassen zu den größten der von ihm gebauten Schulgebäude. Neben jeweils 15 Klassen für Mädchen und Jungen gab es noch Ober- und Kursklassen.

Schumachers Schulen bildeten nicht nur das räumliche Zentrum der neu entstandenen Wohnsiedlungen, sie setzten auch gestalterische Maßstäbe. Die Schule Slomanstieg wurde zwischen 1929 und 1932 errichtet und ist Schumachers spätem Stil zuzurechnen. Auf U-förmigem Grundriss erhebt sich ein fünfgeschossiger sachlicher Klinkerbau mit Fensterbändern und Flachdach. Wichtig war auch die künstlerische Ausstattung. So entwarf der Hamburger Maler Otto Thämer für den Gymnastiksaal ein Fresko, das die Leibesertüchtigung verherrlichen sollte.

Neben der ästhetischen kam den neuen Schulen vor allem eine sozialpolitische Bedeutung zu. Gedacht auch als kulturelle Zentren der neuen Massenquartiere, erhielten sie eine Funktion, die über die Erfüllung schulpädagogischer Aufgaben hinausreichte. Um dem Genüge zu tun, war die Schule Slomanstieg mit einem Versammlungsraum mit Kino, einer öffentlichen Bücherhalle und einer Suppenküche sowie einer Schularztstelle und einer Zahnklinik ausgestattet.

10 SLOMANSCHULE, 1932

An das Konzept des kulturellen Mittelpunkts knüpft die Slomanschule (Abb. 10), die 2012 als Stadtteilschule eingerichtet wurde, auch heute – rund achtzig Jahre später – an. Es gibt wieder eine Bibliothek und ein Internetcafé, und die Schulkantine »Sloman's« steht allen Bürgern offen. Neben dem Schulunterricht bis zur zehnten Klasse werden Deutschkurse, auch für Eltern, angeboten, denn etwa neunzig Prozent der Schüler haben einen Migrationshintergrund. Insgesamt sind 32 Nationen an der Schule vertreten, 29 verschiedene Sprachen sprechen die Schüler, neben Türkisch, Arabisch oder Albanisch auch Tigrinya oder Yoruba. Spezielle Beratungs- und Informationsangebote sowie Kooperationen mit Betrieben sollen den Übergang der Schüler ins Berufsleben erleichtern, die oftmals nicht die besten Startbedingungen haben.

5 SLOMANSIEDLUNG / FINDLING VON 1934 / SPIELPLATZ NEBEN DER SLOMANSCHULE

Nur der Gedenkstein (Abb. 11) und die Eiche am Rande des Spielplatzes erinnern daran, dass die Backsteinbauten der Schumacher-Ära nicht auf der grünen Wiese emporgezogen wurden, sondern den Abbruch einer recht idyllischen Einfamilienhaus-Kolonie bedeuteten. Hier, rund um den Slomanplatz, war zwischen 1878 und 1890 auf einer mit Baggergut aufgeschütteten Fläche eine Siedlung für Arbeiter entstanden. In einer Zeit, in der andernorts dicht an dicht Etagenhäuser in die Höhe schossen, wurden 192 kleine Häuser gebaut, zu denen eintausend Quadratmeter große Nutzgärten gehörten. Die Errichtung der »Arbeiter-Gartenstadt« geschah auf Initiative des Hamburger Reeders Robert Miles Sloman (der Jüngere, 1812–1900), Namensgeber des Platzes und der angrenzenden Straße. Sein Vorhaben war allerdings nicht uneigennützig, denn Sloman, der als Nationalliberaler der Hamburgischen Bürgerschaft angehörte, hoffte, der erstarkenden Sozialdemokratie Wähler abspenstig machen zu können, indem er den Arbeitern zu Haus- und Grundbesitz verhalf. Gemeinsam mit anderen wohlhabenden Hamburgern gründete er die Gemeinnützige Baugemeinschaft, die als Bauherr auftrat. Die neuen Hausbesitzer arbeiteten größtenteils im Hafen, dessen Gebiet sich in den 1880er Jahren mit neuen Hafenbecken und Kanälen auf die Südseite der Norderelbe ausweitete (vgl. Fahrradtour Steinwerder und Kleiner Grasbrook). Bedarf nach hafennahem Wohnraum gab es reichlich, denn die 20 000 Menschen des zeitgleich abgerissenen barocken Viertels auf der Kehrwieder-Wandrahminsel drängten auf den angespannten Wohnungsmarkt.

11 GEDENKSTEIN SLOMANSIEDLUNG

Zu ihnen gesellten sich die ehemaligen Bewohner des Vorortes Steinwerder, der nun zum Freihafengebiet zählte (vgl. Fahrradtour Steinwerder und Kleiner Grasbrook). Angesichts dieser zugespitzten Wohnungslage war es ein großes Glück, wenn man ein Häuschen mit Garten

12 SLOMANSIEDLUNG, 1890

sein Eigen nennen konnte (Abb. 12). Allerdings dauerte es meist zehn Jahre, bis das Haus dann tatsächlich in den Besitz der Arbeiterfamilie gelangte, vorausgesetzt, nach der Anzahlung waren regelmäßige Ratenzahlungen erfolgt und die Bewohner hatten einen soliden Lebenswandel.

Der Traum vom preisgünstigen Eigenheim im Grünen inmitten der Großstadt konnte nicht lange dauern. Hamburgs Einwohnerzahl explodierte in der zweiten Hälfte des 19. Jahrhunderts: Zwischen 1842 und 1892 stieg sie von rund 160 000 auf etwa 580 000. Hinzu kam, dass nach der Choleraepidemie 1892 mit dem Abbruch der sogenannten Gängeviertel begonnen wurde und somit erneut Wohnquartiere in Hafennähe der Abrissbirne zum Opfer fielen. Veddel war damals der einzige Wohnstadtteil Hamburgs südlich der Elbe und in unmittelbarer Nachbarschaft zu den Hafenanlagen. Rings um die Slomansiedlung entstanden jetzt Etagenhäuser, deren Wohnverhältnisse meist zu wünschen übrig ließen. Ins Blickfeld der Stadtplaner geriet zunehmend auch die »Arbeiter-Gartenstadt«. Bereits vor dem Ersten Weltkrieg gab es Pläne, die noch junge Siedlung niederzureißen, um Mehrgeschossbauten zu errichten. Krieg und Inflation verhinderten dieses Vorhaben jedoch zunächst, erst 1928 waren die Häuser und Gärten aus dem Stadtbild Veddels ganz verschwunden.

Wir gehen jetzt die Wilhelmsburger Straße weiter und biegen links in die Straße Passierzettel.

KUPFERHERSTELLUNG AUF DER PEUTE

Es begann mit einer Währungskrise im 18. Jahrhundert, die sich allerdings, anders als heutige, recht einfach beheben ließ. Die Hamburger Gold- und Silbermünzen hatten aufgrund eines drastisch reduzierten Edelmetallanteils an Wert verloren. Um wieder reine Münzen prägen zu können, errichtete der Kaufmann Marcus Salomon Beit im Jahre 1770 in der Elbstraße einen Silberscheid- und Schmelzofen. Im Laufe der Zeit entwickelte sich auch die Verhüttung von Erzen zu einem profitablen Unternehmenszweig, sodass es 1846 mit Beteiligung des Reeders Johann Cesar Godeffroy zur Errichtung eines Kupferwerks auf Steinwerder kam. Die Geschäfte liefen weiterhin gut, und 22 Jahre später gründeten die Firmeninhaber die Aktiengesellschaft Norddeutsche Affinerie – dieser Name, vor allem die Abkürzung »Affi«, ist vielen Hamburgern noch heute geläufiger als »Aurubis«, wie das Unternehmen seit der Übernahme durch den belgischen Kupferproduzenten Cumerio 2008 heißt. Seit über einhundert Jahren produziert das Kupferwerk auf der ehemaligen Elbinsel Peute, die 1894 der Veddel angegliedert wurde. Ursprünglich vom Hamburger Senat für die Ansiedlung von Arbeitern vorgesehen, entwickelte sich die Peute Ende des 19. Jahrhunderts zum reinen Industriegebiet. Bereits 1910 gelang es der Norddeutschen Affinerie durch die Einführung der Elektrolyse, zu einem der marktführenden Unternehmen aufzusteigen. Heute ist die Aurubis AG der zweitgrößte Kupferproduzent der Welt. Im Hamburger Werk sind über 2100 Mitarbeiter beschäftigt.

6 REFERENZPROJEKT FÜR »CO2OLBRICKS«, PASSIERZETTEL 1, 3, 9, AM GLEISE 2

Erneut begegnen uns hier Fragen aus dem Bereich Energieeinsparung und Bauphysik. Nicht zuletzt die Sturmflut von 1962, deren Wassermassen auch den Stadtteil Veddel überschwemmten, hat an dem Zwanziger-Jahre-Wohnblock Schäden hinterlassen. Sie zeigen sich in Rissen im Mauerwerk. Der Bau gehört seit 2012 zum Bestand der SAGA GWG, die auf der Veddel rund 1200 Wohnungen besitzt. Das Wohnungsunternehmen hat sich verpflichtet, den Komplex energetisch zu sanieren. Geplant ist auch hier ein Wärmedämmverbundsystem. Zuvor untersucht das

13 INNENHOF DES REFERENZPROJEKTS »CO2OLBRICKS«

Denkmalschutzamt im Rahmen des Projekts »Co2olBricks« in dem Gebäude Möglichkeiten der energetischen Qualifizierung (Abb. 13). Dabei wird in vier Wohnungen getestet, wie hoch der Energieverbrauch ausfällt, wenn die Wohnung mit herkömmlicher Konvektorheizung, mit Konvektorheizung und Innendämmung, mit Wandheizung ohne Innendämmung und mit Wandheizung mit Innendämmung ausgestattet ist. Während die Konvektorheizung kalte Raumluft in warme umwandelt, sorgen bei der Wandheizung Heizschlaufen in den Wänden für angenehme Zimmertemperaturen. Da letzteres Prinzip dazu führt, dass die Oberfläche der Wand zum wärmsten Punkt in der Wohnung wird, schützt es auch vor der Entstehung von Feuchtigkeit.

Das Forschungsvorhaben, das durch die TU Dresden wissenschaftlich begleitet wird, hat eine Laufzeit von einem Jahr. Das Ziel ist es, belastbare Ergebnisse für den denkmalgerechten Umgang mit sanierungsbedürftigen Siedlungsbauten der 1920er und 1930er Jahre zu erhalten.

Wir folgen der Straße Sieldeich Richtung Veddeler Brückenstraße. Die Gebäude Sieldeich 130–136 auf der rechten Seite sind ein Beispiel für die Sanierung mit einem Wärmedämmverbundsystem. Spätestens beim Klopfen gegen die Wand merkt man, dass es sich hier nicht um Mauerwerk handelt. Die Veddeler Brückenstraße wird von der Autobahn gequert.

7 VERKEHRSWEGE UND –PROBLEME, VEDDELER BRÜCKENSTRASSE, LÄRMSCHUTZWAND

Wer sich die Veddel auf dem Stadtplan anschaut, sieht, dass der kleine Stadtteil sich gegenüber zwei großen Verkehrsachsen, der Eisenbahntrasse und der Autobahn, behaupten muss, die ihn von Westen und Osten einzwängen. Lange Zeit war die Verkehrsbelastung noch viel größer, so stauten sich bis Ende der 1980er Jahre in der Veddeler Brückenstraße die Pendler, die von Harburg in die Innenstadt wollten. Erst die 1988–90 eröffnete Ortsumgehung beendete diese unerträgliche Situation. Die Veddeler Brückenstraße konnte nun auf zwei Fahrbahnen zurückgebaut werden. In dieser Zeit entstanden auch die Lärmschutzwälle (Abb. 14), zuvor war der Verkehrslärm ungehindert in das Wohnviertel gedrungen. Dennoch gehört die Veddel weiterhin zu den Hamburger Stadtteilen mit der größten Lärmbelastung, nicht zuletzt aufgrund des fehlenden Lärmschutzes an der Bahnstrecke.

Als auf den Weiden der Veddel noch Pferde, Ochsen und Kühe grasten, waren die Milchleute mit ihren Ewern die einzige Verbindung zwischen der Elbinsel und Hamburg. 1853 wurde ein Fährbetrieb eingerichtet, ab 1887 konnten Pferdefuhrwerke von der Veddel über die neue Straßenbrücke nach Hamburg fahren, sieben Jahre später ratterte bereits die elektrische Straßenbahn auf diesem Weg zu den Landungsbrücken. Das neugotische Sandsteinportal dieser Brücke war lange

14 LÄRMSCHUTZWAND AN DER VEDDELER BRÜCKENSTRASSE

Zeit das Wahrzeichen der Veddel, bis es Ende der 1950er Jahre abgebrochen wurde. Die Eisenbahnbrücke über die Norderelbe gibt es schon seit 1872, den ersten Personenbahnhof erhielt der Stadtteil 1907. Die beginnende Massenmotorisierung brachte 1950 die Autobahn Richtung Bremen auf die Veddel, mit deren Bau man schon 1938 begonnen hatte.

Wir folgen jetzt dem Hovestieg und biegen rechts in die Straße Am Zollhafen.

→ ABSTECHERTIPP A
EHEMALIGE CHEMISCHE FABRIK DER GEG, PEUTESTRASSE 24–26

Wer sich für Fabrikarchitektur der 1920er Jahre begeistert und Industrie-areale mag, die von Kanälen durchzogen und zumindest am Wochenende verlassen sind, der sollte unbedingt einen Abstecher auf die Peute machen. Zu Fuß ist unser Ziel in gut zwanzig Minuten zu erreichen. Besser ist es, ein Fahrrad dabeizuhaben. Wir folgen dem Hovestieg bis an sein Ende und unterqueren die Autobahn auf einem Fußweg. Nach der Unterführung halten wir uns links und biegen rechts in die Hovestraße, links in den Oberwerder Damm und rechts in die Peutestraße.

Schon von Weitem erblicken wir den kubischen, dunkelroten Back-steinbau (Abb. 15). Breite Pfeiler gliedern die Straßenfassade, gemeinsam mit der symmetrischen, zur Mitte hin ansteigenden Gestaltung des Baukörpers erschaffen sie eine monu-mentale Wirkung, die an zeitgleich errichtete Kon-torhäuser in der Innenstadt erinnert. Das Gebäude ent-stand in den Jahren 1928/29, die Ausführung lag in den

15 GEG-GEBÄUDE AUF DER PEUTE

Händen der »Bauhütte Bauwohl«, einem nach dem Ersten Weltkrieg gegründeten gemeinwirtschaftlichen Baubetrieb, der mit Kapital von gewerkschaftlichen und sozialdemokratischen Organisationen finanziert wurde. Bauherr war die Großeinkaufsgesellschaft Deutscher Consumvereine m. b. H. (GEG), eine Genossenschaft, die deutschlandweit produzierte und ihre Waren ohne Zwischenhandel in die Läden brachte. Die SPD- und gewerkschaftsnahe Genossenschaft hatte das Ziel, Arbeitern gute und zugleich preisgünstige Konsumgüter anzubieten, und leistete damit im Handel das, was die Baugenossenschaften im Wohnungswesen verwirklichten. In der ehemaligen Chemischen Fabrik in der Peutestraße wurden Feinwaschmittel, Zahnpasta, Shampoo und Schuhputzzeug produziert. Die GEG verschmolz Ende der 1960er Jahre mit der co op AG, die in den 1980er Jahren Insolvenz anmelden musste.

Zu dem Fabrikgebäude gehörte noch ein eindrucksvolles Zentrallager, das aber vermutlich – trotz Denkmalschutz – gemeinsam mit verschiedenen kleineren Gebäuden mittlerweile abgebrochen wurde. Das gesamte Gelände befindet sich seit 2010 im Besitz der Hamburg Port Authority (HPA), die nur den GEG-Bau an der Peutestraße erhalten und als Lagerfläche für hafennahe Betriebe vermieten will. Damit sind Pläne der Kulturbehörde vom Tisch, im Zentrallager ein dringend benötigtes Depot für die Hamburger Museen zu schaffen. Auch die Künstler, die sich auf einigen Etagen zwischenzeitlich bereits Ateliers eingerichtet hatten, mussten die Peute wieder verlassen.

Weitere, gleichfalls unter Denkmalschutz stehende GEG-Gebäude befinden sich in der Peutestraße 51–53. Hier entstanden 1931 im Stil des Neuen Bauens eine Margarinefabrik und eine Kaffeerösterei.

8 EHEMALIGE POLIZEIKASERNE, AM ZOLLHAFEN 5–7

Den Entwurf für den gewaltigen Backsteinkomplex der ehemaligen Polizeikaserne (Abb. 16) lieferte Hamburgs Erster Baudirektor Johann Christoph Otto Ranck. Fertig gestellt 1926, hat er im Unterschied zu den

16 EHEMALIGE POLIZEIKASERNE AM ZOLLHAFEN

zeitgleich errichteten Bauten der Schumacher-Siedlung eine traditiona-
listische Fassade mit Walmdach und Dachgauben. Die Kaserne bot Unterkunft für den Hafenschutz, Wohn- und Wirtschaftsgebäude für vier
Hundertschaften, zwanzig Wohnungen für Polizeibeamte, Stall- und Ga-
ragengebäude sowie eine Turnhalle. Letztere wird heute als sozio-kultu-
relles Zentrum genutzt.

Der Bau gehört inzwischen zum Bestand des städtischen Wohnungsun-
ternehmens SAGA GWG. Wo einst Hunderte von Polizisten untergebracht
waren, sind 89 Wohnungen entstanden, die mit einer Durchschnitts-
größe von 77 Quadratmetern dem heutigen Platzbedarf entsprechen. Zu
den neuen Bewohnern der ehemaligen Kaserne gehören seit einigen Jahren auch Studenten, deren Mieten die Wohnungsbaukreditanstalt bezu-
schusst, sodass sie monatlich nicht mehr als 188 Euro bezahlen müssen.
Seit 2004 wird das studentische Wohnen auf der Veddel in Zusammenar-

90 beit mit der Hamburgischen Wohnungsbaukreditanstalt, dem Studentenwerk und der SAGA GWG sowie anderen Vermietern gefördert. Ziel ist es, den Stadtteil im Rahmen der städtebaulichen Maßnahme »Sprung über die Elbe« weiterzuentwickeln, indem das soziale Milieu stärker durchmischt wird. Die Nachfrage ist größer als das Angebot, aktuell wohnen auf der Veddel 165 Studenten in geförderten Wohnungen, womit das Kontingent derzeit ausgeschöpft ist. Außerdem hat die SAGA GWG in der einstigen Kaserne fünf Ateliers für Künstler geschaffen, von denen das Wohnungsunternehmen seit 2006 eines als Stipendienleistung einem bildenden Künstler zwei Jahre lang kostenlos zur Verfügung stellt.

9 BALLINSTADT, VEDDELER BOGEN 2

Ab 1900 konnten die Veddeler Bürger, Bewohner der Slomansiedlung und der rasch errichteten Etagenhäuser, den Arbeiten auf einer stetig wachsenden Baustelle zusehen. Am südwestlichen Ufer des Müggenburger Zollhafens, an der Grenze zu Wilhelmsburg und damit am äußersten Rand der Stadt, entstand eine große Auswandereranlage (Abb. 17). Betreiber war die Hamburg-Amerikanische Packetfahrt-

17 LUFTBILD DER AUSWANDERERHALLEN, 1910

Actien-Gesellschaft (Hapag), eine Hamburger Reederei, die unter ihrem Generaldirektor Albert Ballin (1857–1918) zur größten der Welt wurde. Seinen Aufstieg verdankte das Unternehmen auch dem Geschäft mit den Auswanderern (Abb. 18), die seit den 1870er Jahren verstärkt über den Hamburger Hafen Europa verließen, in der Hoffnung, in Übersee – zumeist in Nordamerika – ein besseres Leben beginnen zu können. Dank der im Hamburger Staatsarchiv aufbewahrten Passagierlisten lässt sich feststellen, dass zwischen 1850 und 1934 rund fünf Millionen Menschen über Hamburg auswanderten. Vor dem Bau der Ved-

18 AUSWANDERER-WERBUNG DER HAPAG, 1920

deler Anlage warteten die Hapag-Reisenden in Baracken am Amerikakai auf die Abfahrt ihres Schiffes (vgl. Fahrradtour Steinwerder / Kleiner Grasbrook). Weil diese durch den Hafenbetrieb genutzt werden sollten und die Hapag drohte, die Auswanderung nach Bremerhaven oder Nordenham zu verlagern, stellte die Stadt der Reederei das sechs Hektar große Areal auf der Veddel zur Verfügung. Bereits 1901 konnte die Anlage eröffnet werden, es folgten Erweiterungsbauten, die das Gelände bis 1907 auf dreißig Gebäude anwachsen ließen. Eine Stadt in der Stadt war entstanden, zu der zahlreiche Pavillons mit Schlafsälen (Abb. 20), eine Kirche mit einem katholischen und einem evangelischen Raum, eine Synagoge, Speisesäle, zwei kleine Hotels für wohlhabende Reisende, ein Friseursalon und eine Beobachtungsstation für Personen mit Verdacht auf ansteckende Krankheiten gehörten. In unmittelbarer Nähe befand sich ein Bahnhof, an dem die zumeist aus Osteuropa und Russland angereisten Auswanderer schwer

19 AUSWANDERERHALLEN, 1910

bepackt ausstiegen (Abb. 19). Im Empfangssaal hieß sie das Hapag-Motto »Mein Feld ist die Welt« willkommen.

Gerade im Hinblick auf medizinische Kontrollen und Hygienestandards galt die Auswandereranlage als vorbildlich (Abb. 21). Die Vorkehrungen sollten vor allem die Hamburger Bevölkerung vor ansteckenden Krankheiten schützen, denn für den Ausbruch der verheerenden Choleraepidemie von 1892 machte man immer noch russische Emigranten verantwortlich, die einen großen Teil der Auswanderer ausmachten. Sie durften bis 1908 das Gelände nicht verlassen, ohnehin war die Anlage durch hohe Mauern von der Stadt getrennt.

Drei Wochen verbrachten die Reisenden durchschnittlich in diesem Transitraum, dann wurden sie – begleitet von einer Musikkapelle – zu ihren Zubringerschiffen im Hansahafen oder auf dem Großen Grasbrook geführt. Hunderttausende Menschen passierten auf diese Weise die Veddel auf dem Weg in ein neues Leben. Allein 1913 waren es 170 000.

Der Erste Weltkrieg beendete die Blütezeit der Auswandererhalle, in den Räumlichkeiten wurde nun ein Marinelazarett eingerichtet. Nach dem Krieg versuchte die Reederei vergeblich, an die Zeit vor 1914 anzuknüpfen. Sowohl verschärfte Auswanderungsvorschriften der Herkunftsländer als auch restriktivere Bedingungen der Einreiseländer führten zu einer Abnahme der Passagierzahlen. 1934 zog eine Organisationseinheit der SS in die Anlage, in der zur gleichen Zeit auch Verfolgte des Nationalsozialismus auf ihre Auswanderung warteten. Sieben Monate später übernahm die SS die komplette Anlage. In den folgenden Jahren erlebte die

»Auswandererstadt« eine wechselvolle Geschichte. Die Pavillons dienten als Unterkunft für Kriegsgefangene und später für ausgebombte Hamburger. Nach dem Abbruch der Gebäude 1962 blieb nur ein Pavillon erhalten, in dem rund zwanzig Jahre, bis 2001, ein portugiesisches Restaurant untergebracht war.

Seit 2007 befindet sich auf dem Gelände das Museum BallinStadt, das die Geschichte der Emigration über den Hamburger Hafen und das Leben in den Veddeler Auswandererhallen thematisiert. Außerdem gibt es hier die Möglichkeit, anhand der digitalisierten Passagierlisten und anderer Datensätze nach ausgewanderten Familienmitgliedern zu forschen. Die Einrichtung des Museums geht auf Mitarbeiter des Staatsarchivs sowie kultureller Einrichtungen auf der Veddel und in Wilhelmsburg und die Stiftung Hamburg Maritim zurück. Betreiber ist die Leisure Work Group GmbH. Gezeigt wird die Ausstellung in drei Pavillons, die anhand von erhaltenen Bauplänen rekonstruiert wurden. Eines der drei Gebäude enthält noch die Südfassade des stehen gebliebenen Pavillons. Auch die gepflasterten Wege auf dem Gelände stammen noch aus der Bauzeit der Auswandererhallen.

Angeschlossen ist die Ballinstadt an die Maritime Circle Line, die Sehenswürdigkeiten im Hafen mit der Barkasse anfährt.

20 SCHLAFSAAL IN DEN AUSWANDERERHALLEN
21 AUGENUNTERSUCHUNG IM WARTESAAL DER AUSWANDERERHALLEN, BEIDE ABB. 1910

KNEIPEN

Billard-Kneipe »Zonck«
Veddeler Damm 12
→ *der raue Charme der Veddel*

Zum Zollstübchen
Wilhelmsburger Strasse 90
→ *typische Eckkneipe mit deutscher Wirtin*

CAFÉS / RESTAURANTS / IMBISSE

Baran Imbiss
Wilhelmsburger Platz 14
→ *Döner & Co. bis ein Uhr morgens*

Café im IBA Dock
Am Zollhafen 12
www.iba-hamburg.de
→ *Café mit Außenterrasse am Müggen-*
burger Zollhafen (nur bis Ende 2013)

Café Kay-Mak
Sieldeich 1
20539 Hamburg
→ *Brötchen und Kuchen, auch zum*
Mitnehmen

Casino Restaurant
Peutestraße 53
www.casino-im-egz.de
→ *Mittagstisch von Montag bis Freitag*

Restaurant Ballinstadt »Nach Amerika«
Veddeler Bogen 2
→ *Essen an langen Tischen und Bänken,*
rekonstruiert im Stil der Auswandererhallen

Salli Salman
Wilhelmsburger Platz 10
→ *Imbiss und Mini-Supermarkt direkt an*
der S-Bahn

Scotland Jard
Veddeler Brückenstraße 160
→ *die schottische Betreiberin sorgt für*
britisches Flair

Slomans – die Kantine auf der Veddel
Slomanstieg 1–3
→ *Schulkantine, offen für jedermann*

Veddeler Eiscafé
Veddeler Brückenstraße 162
→ *freundliche Bedienung, günstige Preise*

Veddeler Fischgaststätte
Tunnelstraße 70
www.veddeler-fischgaststaette.de
→ *Brathering, Frikadelle und Scholle in*
kultigem Ambiente

LÄDEN

Afro-Center Liberty
Wilhelmsburger Straße 76
→ *Weltladen*

Mein Laden auf der Veddel
Veddeler Brückenstraße 132
www.veddelaner.de
→ *Kopftücher nach Maß sowie Taschen aus*
Wachstuch und Filz

HOTELS

Gresham Carat Hotel
Sieldeich 5–6
www.gresham-hotels.com
→ *irisches Hotel in Autobahnnähe*

KULTUR

**BallinStadt – Auswan-
derermuseum**
Veddeler Bogen 2
www.ballinstadt.de
→ *zeigt in drei rekonstruierten Pavillons*
rund neunzig Jahre Auswanderung über den
Hamburger Hafen

IBA Hamburg
Am Zollhafen 12
www.iba-hamburg.de
→ *Informationen rund um die IBA*
Hamburg (nur bis Ende 2013)

SOZIALES / NON-PROFIT

**Haus der Projekte – die
mügge**
Packersweide 7
www.diemuegge.de
→ *Angebote zur beruflichen Förderung von*

jungen Erwachsenen

Internetcafé Saus & Browse
(gehört zur Bücherei)
Slomanstraße 10
→ *Chatten und Online-Recherche für*
Kinder und Jugendliche

Sporthaus (über Veddel-aktiv e.V.)
Slomanstraße 58 A
→ *Kampfkunst- und Selbstverteidigungs-*
training für Mädchen und Jungen

Stadtteilbücherei
(über Veddel-aktiv e.V.)
Slomanstraße 10
→ *Förderung der Kinder-Lese-Kultur,*
mehrsprachige Beratung

Veddel-aktiv e.V.
Immanuelstieg 5
www.veddel-aktiv.de
→ *engagiert in der Jugendhilfe und Stadt-*
teil- und Kulturarbeit

VEDDELERLEBEN
Schülerfirma der Stadtteilschule
Wilhelmsburg
Packersweide 7
www.veddelerleben.diemügge.de
→ *Sport- und Kulturveranstaltungen in der*
ehemaligen Polizeisporthalle am Zollhafen

LEUTE VON DEN ELBINSELN

ALBERT BALLIN (1857–1918) wuchs als das jüngste von dreizehn Kindern einer aus Dänemark eingewanderten jüdischen Familie auf, die nach dem Großen Brand 1842 mittellos geworden war. Schon früh verstand er sich auf das Geschäft mit der Auswanderung. 1874 trat er nach dem Tod des Vaters in dessen Agentur ein, die Emigranten Schiffspassagen vermittelte. 1886 kam er zur Hapag, 1899 wurde er ihr Generaldirektor. Unter seiner Führung stieg die Reederei zur größten der Welt auf. In dieser Zeit liefen riesige Schiffe wie die »Deutschland« und der »Imperator« vom Stapel, und auf der Veddel entstanden die Auswandererhallen. 1918 wurde auf Ballins Initiative die Deutsche Werft AG in Finkenwerder gegründet. Am 9. November desselben Jahres schied er freiwillig aus dem Leben, am Tag, als Kaiser Wilhelm II. von seinem Thron abdankte und in Berlin die Republik ausgerufen wurde.

EDUARD BARGHEER (1901–1979) wurde in Finkenwerder geboren. Der Maler und Grafiker war kurzzeitig Schüler der Kunstgewerbeschule Hamburg-Lerchenfeld (heute HFBK), erlernte seine Kunst aber im Wesentlichen im Selbststudium. 1928 errichtete Bargheer für sich am Westerdeich in Finkenwerder ein Atelier. Im selben Jahr wurde er Mitglied der Hamburgischen Sezession. Zwischen 1934 und 1940 unterrichtete er an der Hamburger Kunstschule Gerda Koppel. Während des Zweiten Weltkriegs lebte er auf Ischia und arbeitete als ziviler Dolmetscher bei der deutsch-

italienischen Kriegsmarine-Werft in La Spezia. Ab 1953 wohnte Bargheer abwechselnd auf der Insel Ischia und in Hamburg-Blankenese. Bekannt ist der Künstler vor allem für seine Landschaftsaquarelle, zu seinem Werk gehören aber auch Zeichnungen, Ölgemälde und Druckgrafiken.

HERMANN BLOHM (1848–1930) war der Sohn eines Lübecker Kaufmanns. Nach seinem Maschinenbaustudium in Hannover, Zürich und Berlin arbeitete er auf Werften in Rostock und Hamburg. In England, dem damaligen Zentrum des modernen Schiffbaus, sammelte er drei Jahre lang auf verschiedenen Werften weitere berufliche Erfahrungen. Mit dem Maschinenbau-Konstrukteur Ernst Voss (1842–1920) gründete er 1877 in Hamburg-Steinwerder die Werft Blohm & Voss, die als einzige der Hamburger Großwerften heute noch existiert. Ab 1890 war er führend an der Gründung von Arbeitgeberverbänden beteiligt, um der Arbeiterbewegung Paroli zu bieten. Nach dem Zusammenbruch des Deutschen Kaiserreichs 1918 zog er sich tief deprimiert aus dem Unternehmen zurück.

URSULA »ULLA« FALKE (1937–2008) wohnte zeitlebens im Wilhelmsburger Wülfkenweg in Kirchdorf. Sie arbeitete als Kindergärtnerin, Polizistin auf der Davidwache und Verkehrsleiterin der Hamburger Polizei. Neben und nach ihrer Berufstätigkeit engagierte sich die gebürtige Wilhelmsburgerin für ihren Stadtteil. Seit 1991 war sie im Vorstand des Vereins »Museum Elbinsel Wilhelmsburg e.V.«, der das gleichnamige Heimatmuseum betreibt. Falke bot Führungen durch das Museum und über die Elbinsel an. Außerdem gehörte sie zum Vorstand der evangelischen Kirchengemeinde St. Raphael und zu den Initiatoren der Wilhelmsburger Tafel. Zudem arbeitete sie in der Redaktion der Stadtteilzeitung »Wilhelmsburger Inselrundblick«.

GORCH FOCK (1880–1916) hieß mit bürgerlichem Namen Johann Wilhelm Kinau und wurde in Finkenwerder geboren. Der Buchhalter und Kontorist schrieb Gedichte und Erzählungen auf Platt- und Hochdeutsch. In seinem 1913 erschienenen Roman »Seefahrt ist not!« schildert er das Leben der Fischer in Finkenwerder. Das sehr populäre Buch wurde 1921 verfilmt. Gorch Fock kam 1916 als Marinesoldat in der Seeschlacht am Skagerrak ums Leben. Die Nationalsozialisten vereinnahmten sein Werk wegen der darin offen zutage tretenden nationalistischen Gesinnung. Es gibt jedoch in seinen Schriften keinen Hinweis, dass der Schriftsteller Fock auch antisemitische oder rassistische Positionen vertreten hätte. Die Brüder Gorch Focks, Jakob und Rudolf Kinau, waren ebenfalls plattdeutsche Heimatdichter.

KARSTEN GOLLNICK (*1965) ist Besitzer von »Mein Laden auf der Veddel« in der Veddeler Brückenstraße, in dem er Taschen, Accessoires und Kopftücher sowie Röcke und Ponchos designt, produziert und verkauft. Der gelernte Damenschneidermeister, Gewandmeister und Kostümbildner eröffnete 2011 seinen Laden aus »Lust am Handwerk«. Seine Kopftuch-Kollektion ist für Gollnick einfach Mode ohne jede religiöse Bedeutung, obwohl viele muslimische Frauen zu seinen Kunden zählen. Seine Filztaschen kaufen Menschen mit »besonderem Geschmack«. Mittlerweile hat sich Gollnicks Laden deutschlandweit einen Namen gemacht. Der gebürtige Detmolder kam 1989 nach Hamburg und lebt seit 2003 auf der Veddel.

WOLFGANG GÖTTSCHE (*1949) wurde in Barmbek geboren, verbrachte aber den Großteil seiner Kindheit und Jugend mit seiner Familie in den USA. Nach über drei Jahrzehnten Tätigkeit als Produktmanager bei einem großen Kamerahersteller wagte Göttsche 2006 einen beruflichen Neuanfang. Er übernahm die traditionsreiche Veddeler Fischgast-

stätte, deren damaliger Besitzer sich aus Altersgründen in den Ruhestand verabschiedet hatte. Göttsche tauschte den Bürostuhl mit dem Herd und sorgt seitdem mit seinem Team dafür, dass die Gäste des einstigen Familienunternehmens Fischfilet, Bratheringe und gebackene Schollen auf gewohnte Weise serviert bekommen. Das Erfolgsrezept des über achtzig Jahre alten Lokals – die übersichtliche Speisekarte und die mittlerweile kultige Fünfziger-Jahre-Ausstattung – behielt er bei.

SAMI SENGÜL (*1954) wurde in Rize, einer Stadt im Nordosten der Türkei, geboren. Seit 1973 lebt der Maschinenschlosser in Wilhelmsburg. Sengül gehört zu den Initiatoren des »Türkischen Elternbunds Wilhelmsburg e.V.«, der 1991 gegründet wurde. Der Verein hat das Ziel, türkische Eltern über das deutsche Schulsystem zu informieren und die Kommunikation zwischen Schulen und Eltern zu fördern. In Konfliktfällen sorgen Sengül und seine Mitstreiter dafür, dass die verschiedenen Parteien sich an einen Tisch setzen. Darüber hinaus bietet der Verein kostenlose Nachhilfekurse für Migrantenkinder an, um deren Bildungschancen zu verbessern. Die 65 Mitglieder des »Türkischen Elternbunds« arbeiten ehrenamtlich. Bekannt ist der Verein auch für sein Kinderfest, das er seit 2001 alljährlich ausrichtet und zu dem bis zu 3000 Besucher kommen.

SOPHIE DOROTHEA VON BRAUNSCHWEIG-LÜNEBURG (1666–1726) war die Tochter von Herzog Georg Wilhelm von Braunschweig-Lüneburg und der Hugenottin Eleonore d'Olbreuse (»Madame d'Harbourg«). Georg Wilhelm wollte sein einziges Kind standesgemäß verheiraten und erreichte, dass Kaiser Leopold I. Sophie Dorothea zur »Reichsgräfin von Wilhelmsburg« erhob. 1682 heiratete die Achtzehnjährige ihren Vetter Georg Ludwig, den Sohn von Georg Wilhelms Bruder Ernst August und späteren britischen König Georg I. Trotz zweier gemeinsamer Kinder wurde die erzwungene Ehe unglücklich, Georg Ludwig widmete sich lieber seinen Mätressen als seiner Frau. Sophie Dorothea begann einen regen Briefwechsel mit dem Grafen Philipp von Königsmark, aus dem sich eine Liebesbeziehung entwickelte. Als die Liaison 1694 aufflog, wurde die Reichsgräfin von Wilhelmsburg auf Schloss Ahlden verbannt, wo sie über dreißig Jahre später starb. Graf Philipp von Königsmark galt offiziell als verschollen, er wurde vermutlich unmittelbar nach Bekanntwerden des Verhältnisses ermordet. Das tragische Leben der Mutter verhinderte nicht, dass ihre Kinder wichtige Positionen in europäischen Königshäusern einnahmen. Die Tochter war als Gemahlin Friedrich Wilhelms I. Königin von Preußen, der Sohn folgte seinem Vater als Georg II. auf den britischen Thron.

KURT WAGNER (*1935) lebt seit seiner Geburt in Finkenwerder. Sein Vater Eugen Wagner, Großvater des gleichnamigen Hamburger Bausenators, war Werftkapitän bei der Deutschen Werft AG. Auch Kurt Wagner absolvierte eine Elektrikerlehre bei der großen Finkenwerder Werft, bevor er Maschinenbau studierte. Beruflich war der Ingenieur in der ganzen Welt unterwegs, doch gab er nie seinen Wohnsitz in Finkenwerder auf. Wagner veröffentlichte bislang sieben Bücher zur Lokalgeschichte der einstigen Elbinsel. Er ist Mitgründer des »Kulturkreises Finkenwerder e.V.«, der seit 1989 besteht. Außerdem arbeitet Wagner als Chefredakteur von »De Kössenbitter«, einem Finkenwerder Nachrichtenblatt, das seit 1990 dreimal jährlich erscheint. Kurt Wagner ist seit vielen Jahrzehnten in dem Finkenwerder Gesangverein »Harmonie« und dem »Turn- und Sportverein Finkenwerder« aktiv.

MARCUS WIEBUSCH (*1968 in Wilhelmsburg) ist ein deutscher Musiker. Zwischen 1991 und 1999 war er Sänger, Gitarrist und Songwriter der Punkband »... But Alive«. 2001 gründete er gemeinsam mit Frank Tirado-Rosales die Popband »Kettcar«, 2002 mit Reimer Bustorff und Thees Uhlmann von »Tomte« das Hamburger Plattenlabel »Grand Hotel van Cleef«, bei dem auch die Alben der Band erscheinen. In dem Film »Keine Lieder über die Liebe« spielte der studierte Erziehungswissenschaftler 2005 den Gitarristen der fiktiven Band »Hansen«.

MARVIN WILLOUGHBY (*1978 in Wilhelmsburg) ist ein deutscher Basketballspieler. Der Sohn einer deutschen Mutter und eines nigerianischen Vaters begann seine Laufbahn bei der »Turnerschaft Harburg«. Ende der 1990er Jahre spielte er neben Dirk Nowitzki bei den »s.Oliver Baskets« in Würzburg. 2005 musste Willoughby seine Profikarriere wegen einer langwierigen Fußverletzung vorzeitig beenden. Heute trainiert er bei den »Piraten Hamburg« die herausragenden Talente des Hamburger Basketballs. Außerdem ist der zwei Meter große Ex-Nationalspieler Mitgründer des Vereins »Sport ohne Grenzen e.V.«, der Jugendlichen durch Sportangebote eine Perspektive bieten will und auch die Idee und das Konzept für die »InselAkademie« in Wilhelmsburg lieferte.

Wohnsiedlung Kirchdorf-Süd ⋆ Elbstrand Finkenriek ⋆ Hermann-Göring-Siedlung ⋆ Papenbrack ⋆ Küsterhaus (ehemaliges Kirchenschulhaus) ⋆ Evangelische Kreuzkirche ⋆ Herzogliches Amtshaus ⋆ Deichdenkmal und Denkmal an die Große Flut 1962 ⋆ Windmühle Johanna

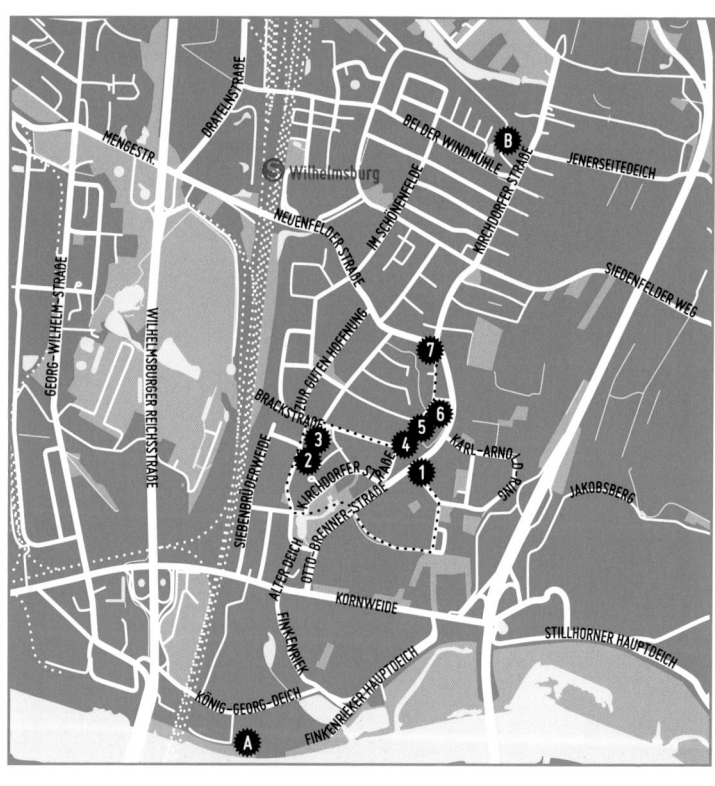

STARTPUNKT: Karl-Arnold-Ring (Haltestelle Karl-Arnold-Ring / Buslinie 13)
ENDPUNKT: Am Deichdenkmal / Kirchdorfer Straße (Haltestelle Neuenfelder Straße / Schule / Buslinie 13)
DAUER: etwa 1,5 Stunden

Wilhelmsburg ist eine Insel der Kontraste. In Kirchdorf zeigt sich das besonders deutlich. Dörfliches Idyll und soziale Probleme einer großstädtischen Wohnsiedlung liegen hier nah beieinander – sofern man vom Erscheinungsbild auf tatsächliche Gegebenheiten schließen kann. In unmittelbarer Nachbarschaft zum historischen Ortskern mit malerischen Gebäuden aus dem 17. und 18. Jahrhundert befindet sich die Hochhaussiedlung Kirchdorf-Süd aus den 1970er Jahren. Sie liegt direkt an der Autobahn A1, die im Osten Wilhelmsburgs die Marschlandschaft durchschneidet. Beschaulich ist es wiederum im Norden Kirchdorfs, an der Dove Elbe, wo das Wahrzeichen der Elbinsel, die Windmühle Johanna, und einige alte Wohnhäuser erhalten sind.

1 AUSSCHNITT ELBKARTE VON MELCHIOR LORICHS, 1568

Der Name Kirchdorf ist erst für das 17. Jahrhundert dokumentiert. Zuvor nannte man das Gebiet rund um Kirche und Amtshaus Stillhorn, eine Bezeichnung, die sich auch auf der Elbkarte Melchior Lorichs' von 1568 findet (Abb. 1). Stillhorn war einstmals ein Eiland südöstlich der Elbinsel Gories-

2 GEORG WILHELM II.

werder, das aufgrund seiner Lage nicht so viel Schaden durch die Sturmfluten nahm. Daher begannen die Schacken, ein Lüneburger Adelsgeschlecht, hier 1333 mit der Eindeichung, noch im selben Jahrhundert ging der Besitz an die Lüneburgischen Herren von Grote über. 1672 erwarb Georg Wilhelm Herzog zu Braunschweig-Lüneburg (1624–1705, Abb. 2) von den Groten Stillhorn sowie die Elbinseln Rotehaus und Georgswerder und vereinigte sie mit seinen Besitzungen am Reiherstieg zur Herrschaft Wilhelmsburg. Diese machte er seiner früheren Mätresse und späteren Gemahlin Eleonore d'Olbreuse (1639–1722, Abb. 3) zum Geschenk. D'Olbreuse führte den Titel »Madame d'Harbourg« und war seit 1676 auch Herzogin von Braunschweig-Lüneburg-Celle. Ihre gemeinsame Tochter Sophie Dorothea wurde nach langwierigen Verhandlungen mit Kaiser Leopold I. zur Reichsgräfin von Wilhelmsburg erhoben.

3 ELEONORE D'OLBREUSE

Die Herrschaft Wilhelmsburg ging nach dem Tod des Herzogs 1705 im Königreich Hannover auf und wurde 1866 preußische Provinz. Mit dem Groß-Hamburg-Gesetz von 1937 erfolgte die Eingemeindung nach Hamburg, seit 2008 gehört der Stadtteil zum Bezirk Hamburg-Mitte.

Kirchdorf war jahrhundertelang von Landwirtschaft geprägt. Geld verdienen ließ sich mit der Milchwirtschaft, im 18. Jahrhundert kam der Gemüseanbau hinzu. Die Bauern mussten Abgaben an die jeweiligen Grundherren entrichten, sie standen aber nicht in persönlicher Abhängigkeit zu diesen.

Das 20. Jahrhundert hat auch in Kirchdorf für große Veränderungen gesorgt. In den 1930er Jahren kamen mit der Hermann-Göring-Siedlung viele Hafenarbeiter in den bäuerlich geprägten Süden der Elbinsel. Auch die Großsiedlung Kirchdorf-Süd veränderte die Einwohnerstruktur des Ortsteils, denn dorthin zogen vor allem Menschen mit geringen Ein-

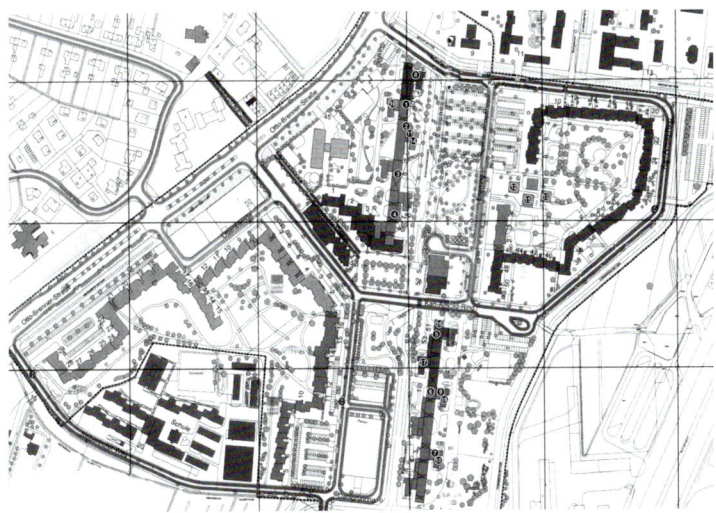

4 KIRCHDORF-SÜD

künften und/oder Migranten. Mit Einfamilienhäusern, Feldern und Naturschutzgebieten mutet der Südosten Kirchdorfs dennoch nach wie vor ländlich an, landwirtschaftliche Betriebe gibt es allerdings nur noch sehr wenige.

1 WOHNSIEDLUNG KIRCHDORF-SÜD, KARL-ARNOLD-RING

In Hamburg wie andernorts entstanden in den 1960er und 1970er Jahren Trabantenstädte. Diese Entwicklung folgte dem Leitbild der Charta von Athen, einem städtebaulichen Manifest, das die Gliederung der Stadt in die Funktionen Arbeiten, Wohnen, Freizeit und Verkehr vorsah. Dementsprechend plante man Wohngebiete mit nur geringer Infrastruktur und ohne Arbeitsplatzangebot, die fernab der Stadtzentren auf der grünen Wiese emporgezogen wurden. Ein weiteres Merkmal dieser Wohnanlagen

5 KIRCHDORF–SÜD, 2003

ist die städtebauliche Verdichtung, die sich durch den Bau von Hochhäusern erreichen ließ. Beispiele für Hamburg sind der Osdorfer Born, Steilshoop und Mümmelmannsberg.

Auch der Osten Wilhelmsburgs bot Platz für die Anlage einer solchen Trabantenstadt und war zudem zu weit vom Hafen entfernt, um für die Ansiedlung von Industrie infrage zu kommen. Rund 25 000 Bewohner des Reiherstiegviertels sollten hierher umgesiedelt werden, denn den Westen der Elbinsel wollte man nach der Großen Flut von 1962 als Wohngebiet aufgeben (vgl. Reiherstiegviertel-Spaziergang). Die Planungen begannen bereits Mitte der 1960er Jahre, umgesetzt wurde das Projekt aber erst zwischen 1974 und 1976. Beteiligt waren die SAGA (heute SAGA GWG) und die Nordwestdeutsche Siedlungsgesellschaft (NWDS) sowie verschiedene Genossenschaften. Den Entwurf für das Konzept lieferten die Berliner Architekten Hans Christian Müller (1921–2010) und Georg Heinrichs (*1926), die auch das Märkische Viertel in Berlin geplant hatten. Ziel war es, auf wenig Gebäudegrundfläche möglichst viel Wohnfläche zu ermöglichen. Errichtet wurden zwei 14-geschossige Hochhauszeilen und zwei 8–10-geschossige Höfe, die die Siedlung in vier Quartiere teilen (Abb. 4).

Nach Abschluss der Bauphase waren 2300 neue Wohnungen geschaffen worden, »ein Stadtteil aber war nicht entstanden«, wie Hamburgs Oberbaudirektor Jörn Walter 2003 in einem Abschlussbericht zur Sanierung Kirchdorf-Süds resümierte. Tatsächlich hatten sich schon wenige Jahre nach dem Bau der Trabantenstädte die Mängel dieses Konzepts gezeigt. Beklagt wurden nun die isolierte Lage, die konzentrierte Hochhausbebauung, fehlende Einkaufsmöglichkeiten und das monotone Wohnumfeld, das vor allem Parkplätze bot. In Kirchdorf-Süd sorgte (und sorgt) zudem die unmittelbare Nähe zur A7 für erhebliche Lärmbelästigungen. Dies blieb nicht ohne Folgen: Zehn Jahre nach Fertigstellung der Siedlung standen bereits 140 Wohnungen leer.

Es musste also nachgebessert werden. Auf Initiative der Gruppe »Frauen planen um« begann man mit Fördergeldern des Bundes, das unwirtliche Wohnquartier attraktiver zu gestalten. Ein Wochenmarkt, Mietergärten, ein Spielplatz und ein Mietercafé brachten mehr Leben in die  Betonwüste. Selbst an Bänken und Papierkörben hatte es zuvor gemangelt. Zudem wurden verschiedene soziale Einrichtungen ins Leben gerufen. In einem zweiten Schritt entwickelten Planer, Bewohner und Behörden in den 1990er Jahren ein Erneuerungskonzept, das weitere positive Veränderungen bedeutete. So wurde die Nord-Süd-Achse, die zuvor von Parkplätzen dominiert war, zu einer Grünfläche umgestaltet (Abb. 5). 2001 erfolgte der Umbau des Marktplatzes, wozu eine neue Pflasterung und neue Bäume gehörten. Weitere Maßnahmen betrafen die Eingangssituationen der Häuser. So wurden beispielsweise in mehreren Hauseingängen Pförtnerlogen eingerichtet. Auch Innenhöfe, Schulhöfe und der Spielplatz Dahlgrünring 1 erhielten eine neue Gestaltung. Darüber hinaus wurde das Angebot an Sozial- und Freizeiteinrichtungen ergänzt.

Das Ergebnis können wir uns nun auf einem kleinen Rundgang durch Kirchdorf-Süd anschauen. Dazu folgen wir dem Karl-Arnold-Ring. Auf der linken Seite sehen wir den Marktplatz mit der Ladenzeile. Jeden Donnerstagnachmittag findet hier ein Wochenmarkt statt. Wir biegen rechts in den Dahlgrünring und folgen der Straße bis zu ihrem Ende. Dort, am Stübenhoferweg 11, inmitten von Wiesen und Kleingärten, befindet sich das Freizeithaus Kirchdorf-Süd. Mit dieser Einrichtung kamen die Planer Anfang der 1990er Jahre dem Wunsch der Bewohner nach Räumlichkeiten für Feste nach. Heute dient es auch als Kulturzentrum des Stadtteils mit einem breitgefächerten Angebot an Kursen und Veranstaltungen.

Weiter geht es nun den Stübenhofer Weg in westliche Richtung. Die Streetballplätze und das Volleyballfeld der Grundschule Stübenhofer Weg dürfen auch nachmittags besucht werden. Auf der linken Seite, am Stübenhofer Weg 19, haben Großstadtkinder die Möglichkeit, Schweine, Pferde, Ziegen, Kaninchen und eine Kuh sowie ein Schaf – insgesamt 260 Tiere – kennenzulernen. Der Kinderbauernhof entstand 1987 auf Initiative von Eltern aus Kirchdorf-Süd mit dem Ziel, Kinder mit artgerechter Tierhaltung vertraut zu machen.

Der Stübenhofer Weg verläuft übrigens auf einem ehemaligen Deich, von denen es in Wilhelmsburg zahlreiche gibt. Es gilt die Faustregel, dass ein langer, krummer Weg meist auf einen nicht mehr gebrauchten Deich hindeutet.

Wir verlassen die Hochhaussiedlung, überqueren die Otto-Brunner-Straße und gelangen in eine kleine Grünanlage. Dort halten wir uns links und erreichen die Straße Callabrack. Wir folgen dieser und biegen rechts in die Straße Am Papenbrack.

 **ABSTECHERTIPP A**
ELBSTRAND FINKENRIEK
Wer den Inselcharakter Wilhelmsburgs erleben möchte, dem sei unbedingt ein Abstecher an den Elbstrand Finkenriek empfohlen. Dies ist ein kleiner schöner Sandstrand an der Süderelbe mit Blick auf das grüne

Harburger Ufer. Die Wilhelmsburger treffen sich hier zum Sonnenbaden und zum Grillen. Bäume spenden Schatten, im Sommer kommt am Wochenende nachmittags der Eiswagen. Zum Abkühlen kann man seine Füße ins Wasser stecken. Einziger Wermutstropfen ist der Verkehrslärm der Südelbbrücken, die in Sicht- und Hörweite verlaufen. (Achtung, das Baden ist an dieser Stelle aufgrund der Strömung und des Wellenschlags durch die Schifffahrt gefährlich und geschieht auf eigene Gefahr!)

Wir gelangen zum Elbstrand Finkenriek, wenn wir statt rechts in die Straße Am Papenbrack links in die Straße Alter Deich einbiegen und dem Fußweg folgen, der über den Friedhof Finkenriek führt. Nach rund zwölf Minuten, etwa einem Kilometer, erreichen wir das Elbufer.

2 HERMANN-GÖRING-SIEDLUNG, AM PAPENBRACK 8

Fachwerkhäuser wie das Haus Am Papenbrack 8, vor dem wir nun stehen (Abb. 6), findet man noch gelegentlich in Kirchdorf. Sie gehören zu einer Hafenarbeiter-Siedlung, die während des Nationalsozialismus entstand. Ihre Errichtung hatte der Hamburgische Hafenbetriebsverein schon Ende der 1920er Jahre angeregt, um Hafenarbeitern die Möglichkeit zu geben, sich in Zeiten ohne Beschäftigung durch Kleinviehhaltung und Gemüseanbau über Wasser zu halten. 1935 gründeten Hafenarbeiter einen

6 + 7 AM PAPENBRACK 8 / RICHTFEST IN DER HERMANN-GÖRING-SIEDLUNG, 1937

Hafen-Siedlungs-Verein. Realisiert wurde die Siedlung dann bis 1938 in drei Bauabschnitten. Zuvor hatte das zunächst als dafür ungeeignet eingestufte Marschgebiet im Wilhelmsburger Osten durch den Reichsarbeitsdienst trockengelegt werden müssen. Das Groß-Hamburg-Gesetz von 1937, das Wilhelmsburg nach Hamburg eingemeindete, erleichterte die Durchführung des Bauprojekts, da sich die Wohnhäuser für Hamburger Hafenarbeiter nun nicht mehr auf preußischem Boden befanden. Den Namen Hermann Göring erhielt die Siedlung übrigens 1937 nach einem Besuch des nationalsozialistischen Politikers. Auch die zeitgleich entstandene heutige Nelson-Mandela-Schule in der Neuenfelder Straße 106 wurde nach Hermann Göring benannt.

Ausführender Architekt war der Wilhelmsburger Georg Hinrichs, der wenig später auch die Pläne für die Ostfrieslandsiedlung in Finkenwerder zeichnete (vgl. Finkenwerder-Spaziergang). Insgesamt errichtete er zwischen der Wilhelmsburger Dove Elbe und dem Dorfstieg 574 Wohngebäude, zu denen auch zwei Altenheime am Papenbrack gehörten, die leider in den 1980er Jahren abgebrochen wurden. Mit spitzen Giebeln und Fachwerk erinnerten die Häuser der Hermann-Göring-Siedlung an niedersächsische Bauernhäuser (Abb. 7). Die bodenständige Bauweise war charakteristisch für den nationalsozialistischen Wohnungsbau. Anders als bei öffentlichen Gebäuden, die im monumentalen Stil gebaut wurden, bediente man sich hier traditioneller Formen, um den Bewohnern ein Gefühl von Heimat und Geborgenheit zu vermitteln. Dies ging einher mit der Ablehnung großstädtischer Arbeiterwohnquartiere. In den dicht bebauten Vierteln vermuteten die Nationalsozialisten Brutstätten des Widerstands gegen das Regime. Ob den Arbeitern der Hausbesitz allerdings zu mehr Zufriedenheit ver-

8 RUNDBUNKER

half, ist fraglich. Die Wohnbedingungen waren äußerst primitiv. Es gab keine Kanalisation, keine Elektrizität und keine befestigten Straßen. Die Grundfläche der Doppelhaushälften betrug gerade mal 35 Quadratmeter. Mit tausend Quadratmetern fielen nur die Nutzgärten groß aus. Dafür war ihre Bewirtschaftung minutiös geregelt, um sie bestmöglich auszunutzen. Wer sich für eines der spitzgiebeligen Fachwerkhäuser interessierte, benötigte einen Nachweis über einen Arbeitsplatz im Hafen. Zudem musste er ein Eigenkapital von tausend Reichsmark beisteuern und ein ärztliches Gutachten beibringen. Die NSDAP-Mitgliedschaft war von Vorteil, aber keine Bedingung.

Der Zweite Weltkrieg hinterließ auch in dieser nationalsozialistischen Mustersiedlung Spuren. Einige der Gebäude wurden stark zerstört und mussten abgebrochen werden. In den folgenden Jahrzehnten erfuhren die Häuser durch Um- und Anbauten zahlreiche Veränderungen, doch ist das Fachwerk noch hier und da zu sehen. Die großen Gärten sind erhalten geblieben. Der Hafen-Siedlungs-Verein heißt mittlerweile »Verein Kirchdorfer Eigenheimer«.

Auf der linken Seite der Straße sehen wir einen der Rundbunker (Abb. 8), die während des Krieges für die schutzsuchende Bevölkerung gebaut wurden.

Wir folgen nun der Straße Am Papenbrack und gelangen zum Papenbrack.

3 PAPENBRACK, AM PAPENBRACK

Bracks sind kleine Seen, die infolge von Deichbrüchen entstanden (Abb. 9). Das Wort Brack kommt aus dem Niederdeutschen und leitet sich vermutlich von »breken«, plattdeutsch für »brechen«, ab. Immer wieder sorgten Sturmfluten in Wilhelmsburg für Überschwemmungen, die großflächige Löcher im Marschboden hinterließen. In vergangenen Zeiten wurden sie nicht wiederaufgefüllt, weil dies zu aufwendig gewesen wäre. Allein an der Brackstraße gab es acht solcher Bracks, von denen nur we-

9 BRACK AM WEG NACH KIRCHDORF, UM 1900

nige wie das Papenbrack noch heute erhalten sind. Möglicherweise ist es auf eine Flut im 17. Jahrhundert zurückzuführen. Einst soll hier ein Pastor ertrunken sein. »Pape« ist ein mittelniederdeutscher Begriff, mit dem ein Geistlicher bezeichnet wird. Und so erhielt das Brack 1935 auch offiziell diesen Namen. Bracks haben eine ganz eigene Pflanzenwelt, daher stehen einige von ihnen unter Naturschutz.

Wir folgen der Brackstraße in östliche Richtung, biegen links in die Kirchdorfer Straße und befinden uns im historischen Zentrum Kirchdorfs.

 **4 KÜSTERHAUS (EHEMALIGES KIRCHENSCHULHAUS), KIRCHDORFER STRASSE 170**

»Wieviel kosten 7 5/6 Ellen Laken? 3/4 Ellen kosten 7/8 Reichstaler.« Solch kniffelige Aufgaben mussten die Bewerber lösen, die sich Anfang des 19.

Jahrhunderts um eine Schulstelle in Kirchdorf bemühten. Lehrer Koester beherrschte offenbar die Bruchrechnung, denn er erhielt die Anstellung. Vermutlich war er der erste Lehrer, der im Küsterhaus unterrichtete, denn hier wurde erst 1808 eine Schulstube eingerichtet. Die Anzahl der Schüler hatte sich damals auf rund 200 Kinder erhöht, und so bestand dringender Platzbedarf, denn die bereits vorhandene Schule fasste nur etwa hundert Schüler. Eine Schule gab es schon seit dem 17. Jahrhundert in Kirchdorf, zuvor hatte der Unterricht in einer Bauernstube stattgefunden. Der Schulbetrieb unterstand der Kirche. Daher kam der Pastor als Vorgesetzter des jeweiligen Lehrers mehr oder weniger regelmäßig zu Kontrollbesuchen in die Schule. Sein Gehalt erhielt der Lehrer ebenfalls aus kirchlichen Mitteln, außerdem mussten die Eltern ein Schulgeld entrichten. Mitte des 19. Jahrhunderts stand die Gemeinde erneut vor dem Problem einer gestiegenen Schülerzahl, und so wurde 1860 der Schulbetrieb in das leer stehende Amtshaus verlagert, in dem zwei Klassenräume und zwei Lehrerwohnungen eingerichtet wurden.

Errichtet wurde das malerische Küsterhaus 1660, es ist damit neben der Kreuzkirche das älteste noch bestehende Gebäude Wilhelmsburgs. Das Reetdachhaus mit dem grün gestrichenen Holzfachwerk, den teilweise im Zierverband gemauerten Gefachen und dem vorkragenden Obergeschoss steht unter Denkmalschutz (Abb. 10). Es wurde ab 1870 als Wohnhaus genutzt. Nach weiteren aufwendigen Renovierungsmaßnahmen zog das Pastorat in das Gebäude. Für die Zeit von IBA und igs wurde hier zudem eine eigens eingerichtete Projektpfarrstelle zur kritischen Begleitung des Stadtentwicklungsprozesses und zur Vermittlung zwischen Bürgern und Akteuren geschaffen.

10 KÜSTERHAUS

11 + 12 KREUZKIRCHE, 1897 UND 1903

5 EVANGELISCHE KREUZKIRCHE, KIRCHDORFER STRASSE 168

Die Kreuzkirche war rund 500 Jahre lang, von 1397 bis 1896, das einzige Gotteshaus in Wilhelmsburg. Ihre Errichtung geschah auf Initiative der Lüneburgischen Grundherren von Grote, in deren Besitz ein Teil Stillhorns (das spätere Kirchdorf) im 14. Jahrhundert gekommen war. Wie schon die Vorbesitzer, die Familie Schack, deichten auch die Groten kleine Areale, sogenannte »Felder« (sie entsprechen in der Bedeutung den heutigen »Kögen«), ein und machten dadurch immer mehr Land bewohnbar. Da um 1380 schon mehr als hundert Menschen auf der Insel lebten, entstand der Wunsch nach einer eigenen Kirche. Bis dahin hatten die Bewohner Stillhorns zum Kirchgang nach Ochsenwerder gehen müssen. Damals nahmen die Menschen noch einiges auf sich, um das Wort Gottes zu hören, denn Ochsenwerder lag jenseits der Elbinsel. Der

Weg dorthin führte über lehmiges Marschland, außerdem musste die Norderelbe überquert werden. Die Weihe der Kreuzkirche im Jahr 1397 beendete diese Situation. Schwierigkeiten bekamen die Stillhorner allerdings nun mit dem Pastor in Ochsenwerder, denn dieser fürchtete um seine Einnahmen – kirchliche Handlungen wie Taufen, Trauungen oder Beerdigungen kosteten seinerzeit Geld. Zur Ablösung der »Kirchengerechtsame«, das heißt der Vorrechte, Gottesdienste abzuhalten, mussten die Stillhorner jährlich einen genau festgelegten Geldbetrag entrichten. War es ihnen wegen Eisgangs auf der Elbe nicht möglich, nach Ochsenwerder zu kommen, so musste ein Bote mit einer Fahne an der Elbe erscheinen, um Zahlungsbereitschaft zu signalisieren. Ansonsten wäre die doppelte Summe fällig geworden. Fast 500 Jahre lang, bis 1872, dauerte dieser Zustand an!

Errichtet wurde die Kirche auf einer Wurt, das heißt einem künstlich aufgeschütteten Siedlungshügel, um sie vor Sturmfluten zu schützen. Leider ist über die Gestalt des Bauwerks nichts bekannt. In den Jahren 1614–1617 entstand ein Nachfolgebau, weil die alte Kreuzkirche baufällig geworden war (Abb. 11). In den 1770er Jahren fand Ernst Georg Sonnin (1713–1794), einer der beiden Baumeister des Hamburger »Michel«, den Weg nach Kirchdorf, um an der dortigen Kirche Reparaturen durchzuführen. Ende des 19. Jahrhunderts erfolgten umfangreiche Umbaumaß-

13 + 14 EMPORE MIT DEM FÜRSTENSTUHL / ALTAR UND TAUFSTEIN

116 nahmen. Die Längswände wurden neu verblendet, nur an der Nordseite finden sich noch Fachwerkreste. Der Bau erhielt einen Chor und ein Querhaus im Stil der Neugotik (Abb. 12). Von der Ausstattung des 17. Jahrhunderts ist noch einiges erhalten, so die Kanzel, die Empore und auch der Taufstein von 1655 (Abb. 14 + 15). Letzterer war über 200 Jahre verschwunden, bis man ihn als Ausguss in der Waschküche des Pfarrhauses wiederfand. 1920 erhielt er seinen Platz in der Kirche zurück. Bemerkens-

15 TAUFSTEIN, 1655

wert ist die Südempore mit dem Fürstenstuhl (Abb. 13) und dem Bildnis des Herzogs Georg Wilhelm von Braunschweig-Lüneburg. Ob, und wenn ja, wie häufig der Adlige von seiner Ehrenloge aus den Gottesdienst verfolgte, ist indes nicht dokumentiert.

Ende 2012 wurden die Außenfassaden der Kreuzkirche saniert, die Bleiverglasung zum Teil erneuert und Risse im Gebäudeinneren neu verputzt und gestrichen.

Wir folgen nun der Kirchdorfer Straße und gelangen zu einem weiteren Gebäude des historischen Ensembles, dem Amtshaus, das wie die Kreuzkirche von einem Friedhof umgeben ist.

6 HERZOGLICHES AMTSHAUS, KIRCHDORFER STRASSE 163

An dieser Stelle befand sich lange Zeit ein dezentraler Verwaltungssitz des Herzogtums Braunschweig-Lüneburg. Das schlichte, schöne Gebäude mit Walmdach ist fast 300 Jahre alt (Abb. 17). Es entstand 1724 und ähnelt den zur selben Zeit gebauten hannoverschen Amtshäusern. Bei seiner Errichtung verwendete man zum Teil Baumaterial – Ziegelsteine im Klosterformat – des Vorgängerbaus. Dies war ein um 1600 gebautes Wasserschloss im Stil der Weserrenaissance mit großen Schaugiebeln, Burggraben und Zugbrücke, von dem aus die Groten herrschten, übrigens längst nicht

16 »ADELICHER SITZ STILLHORN«

immer im Einvernehmen mit den Stillhorner Bauern. Regelmäßig kam es zu Streitereien mit den jeweiligen Grundherren – meist ging es um Weiden und deren Nutzung. 1614 entlud sich der Volkszorn in einer spontanen Plünderung des Schlosses, außerdem schossen die Bauern dem Pastor durchs Dach, weil sie ihn als Verbündeten der Groten wähnten. Dokumentiert ist das Anwesen auf einem Stich von Matthäus Merian aus dem Jahr 1654, der den Titel »Stillhorn, Adelicher Sitz« trägt (Abb. 16). Warum es zu einem Neubau kam, ist nicht bekannt, vermutlich aber war das prächtige Wasserschloss der Groten baufällig geworden. Seine Grundmauern und den Gewölbekeller konnte man erhalten, auf ihnen ruht der heutige Bau.

Nach dem Tod des Herzogs Georg Wilhelm 1705 verwaltete ein Amtmann Wilhelmsburg, der ab 1724 in dem schlichten, zweistöckigen Backsteinhaus residierte. Dass sich Georg Wilhelms Tochter Sophia Charlotte, die Reichsgräfin von Wilhelmsburg, und ihre Familie längere Zeit hier aufgehalten haben, ist eher unwahrscheinlich. 1859 wurde das Amt Wilhelmsburg

17 AMTSHAUS, 1896

aufgelöst und mit Harburg vereinigt. Das Gebäude diente, wie beschrieben, als Schule, bis Ende der 1930er Jahre die heutige Nelson-Mandela-Schule in der Neuenfelder Straße ihren Betrieb aufnahm. Bereits 1920 war das Gebäude in den Besitz der politischen Gemeinde übergegangen. Seit mehr als fünfzig Jahren ist hier das Wilhelmsburger Heimatmuseum untergebracht, das 1907 gegründet wurde. Zu sehen sind unter anderem landwirtschaftliche Geräte, Bauernmöbel sowie Modelle, Fotos und Karten zur Geschichte des Schiffbaus auf der Elbinsel, außerdem Dokumente zum Schulwesen und aus der Zeit des Herzogs Georg Wilhelm zu Braunschweig-Lüneburg. Auch den Gewölbekeller kann man besichtigen. In der Bibliothek findet man Bücher, Post- und Landkarten, Fotografien und Zeitungen mit Hamburg- und/oder Wilhelmsburgbezug. Außerdem beherbergt der Bau seit 2007 ein schönes Café, das den Namen der einstigen Madame d'Harbourg, Eleonore, trägt. Betreiber des Museums ist der Förderverein Museum Elbinsel Wilhelmsburg e.V.

Wir folgen nun der Kirchdorfer Straße in nördliche Richtung, überqueren die Neuenfelder Straße und gelangen nach 350 Metern zur Straße Am Deichdenkmal.

7   DEICHDENKMAL UND DENKMAL AN DIE GROSSE FLUT 1962, AM DEICHDENKMAL/ECKE KIRCHDORFER STRASSE

Wilhelmsburg wurde mühsam den Fluten des Elbwassers abgerungen. Die Elbinsel ist das Produkt mehrfacher Landgewinnungsmaßnahmen und Eindeichungen verschiedener kleinerer Inseln, die erst im 19. Jahrhundert endgültig zu dem Ganzen verbunden waren, das wir heute unter Wilhelmsburg verstehen. Das Deichdenkmal von 1933 erinnert an das Jahr 1333 (Abb. 18), in dem die Schacken den Anfang machten und den südlichsten Zipfel Stillhorns, das Alte Feld, rundum bedeichten. Dies war der Beginn von insgesamt 16 Eindeichungen (Abb. 19). Um das neu gewonnene Land landwirtschaftlich nutzen zu können, mussten die Be- und Entwässerung gewährleistet sein. Zur Entwässerung diente ein Priel, die Stillhorner Wettern, der das Alte Feld in ost-westlicher Richtung durchzog. Solche »Wettern« genannten Entwässerungsgräben findet man in Wilhelmsburg in großer Zahl. An den Priel waren Quergräben angeschlossen, die in nord-südlicher Richtung verliefen und über die der Marschboden bewässert wurde. So entstanden schmale Parzellen Land, auf denen die Bauern ihre Häuser errichteten. In ähnlicher Weise wurden auch die späteren Köge bedeicht und fruchtbar gemacht. Im Zuge dieser neuen Eindeichungen verwandelten sich immer wieder ehemalige Außendeiche in nicht mehr gebrauchte Binnen- oder Schlafdeiche. Insgesamt dauerte es über 500 Jahre, bis – nach der Fertigstellung des Ernst-August-Deichs im Jahr 1852 – ganz Wilhelmsburg ringförmig von Deichen umschlossen war.

Wie lebensnotwendig guter Deichschutz ist, hat auch das 20. Jahrhundert noch einmal drastisch gezeigt, als die Große Flut von 1962 in Hamburg 315 Menschenleben forderte (Abb. 20). Den Norden Wil-

18 DEICHBAUDENKMAL

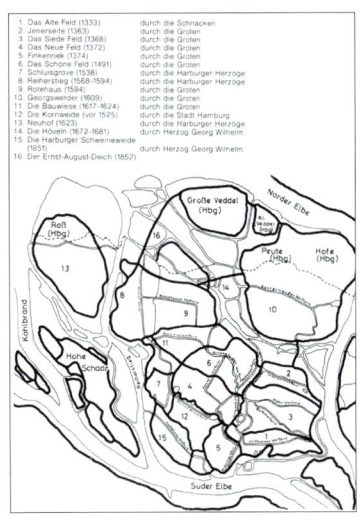

1. Das Alte Feld (1333)   durch die Schnacken
2. Jenerseite (1363)   durch die Groten
3. Das Siede Feld (1368)   durch die Groten
4. Das Neue Feld (1372)   durch die Groten
5. Finkennek (1374)   durch die Groten
6. Das Schöne Feld (1491)   durch die Groten
7. Schlusgrove (1538)   durch die Harburger Herzöge
8. Reiherstieg (1568-1594)   durch die Harburger Herzöge
9. Rotehaus (1594)   durch die Groten
10. Georgswerder (1609)   durch die Groten
11. Die Bauwiese (1617-1624)   durch die Groten
12. Die Kornweide (vor 1525)   durch die Stadt Hamburg
13. Neuhof (1623)   durch die Harburger Herzöge
14. Die Hoveln (1672-1681)   durch Herzog Georg Wilhelm
15. Die Harburger Schweineweide (1851)   durch Herzog Georg Wilhelm
16. Der Ernst-August-Deich (1852)

19 EINDEICHUNGEN VON 1333 BIS 1852

helmsburgs traf es damals am folgenschwersten. Am Spreehafen brachen am 17. Februar um zwei Uhr nachts die Deiche (vgl. Steinwerder/Kleiner-Grasbrook-Spaziergang). Kurze Zeit später war ganz Wilhelmsburg

20 STURMFLUT, 1962

überflutet. Es dauerte fast eine Woche, bis das Wasser wieder abgelaufen war. Als besonders verheerend erwies sich, dass auf dem Schrebergartengelände direkt hinter dem gebrochenen Deich zahlreiche Menschen in Behelfsheimen lebten. Sie waren den Wassermassen schutzlos ausgeliefert. 200 Inselbewohner bezahlten den mangelnden Flutschutz mit ihrem Leben, rund 20 000 wurden vorübergehend obdachlos.

Die Sturmflutkatastrophe ist Teil des kollektiven Gedächtnisses der Hamburger und besonders der Wilhelmsburger. »Den Toten zur

21 EINWEIHUNG DES STURMFLUT-DENKMALS, 1965

Ehre / den Lebenden zur Mahnung / Sturmflut / 16. / 17. Februar 1962« steht auf der schlichten Stele, die seit 1965 an die Naturkatastrophe erinnert (Abb. 21). Alljährlich wird hier der Menschen gedacht, die in den eisigen Fluten ihr Leben ließen. Am 17. Februar 2012 wurde der 50. Jahrestag mit einer offiziellen Gedenkveranstaltung begangen, bei der auch der Hamburger Bürgermeister anwesend war.

→ ABSTECHERTIPP B
WINDMÜHLE JOHANNA, SCHÖNENFELDER STRASSE 99

Wer sich nun das Wahrzeichen Wilhelmsburgs, die Windmühle Johanna, anschauen möchte, geht die Kirchdorfer Straße weiter in nördliche Richtung und biegt nach etwa 700 Metern links in die Schönenfelder Straße. Die Straße verläuft auf einem Deich, parallel zur malerischen Wilhelmsburger Dove Elbe. Sie gehört zu den ältesten Straßen Wilhelmsburgs, neben der Windmühle und dem Müllerhaus befinden sich hier noch einige weitere ältere Gebäude.

Die Mühle ist rund 140 Jahre alt, sie wurde 1875 nach den Entwürfen des Boizenburger Baumeisters F. Dobbertin als Galerieholländer errichtet. Bauherr war der Müller Christoph Cordes. Es ist die fünfte Mühle an diesem Platz. Die erste entstand 1585 im Auftrag der Groten. Im 18. Jahrhundert folgten zwei weitere Windmühlen, Letztere wurden 1813 während der napoleonischen Besatzung von den Franzosen niedergebrannt wie auch die Mühlen auf der Veddel, in Ochsenwerder und in Billwerder. Die Wilhelmsburger mussten sich nun auf den Weg nach Hamburg oder Harburg machen, um ihr Korn mahlen zu lassen – und das vor dem Bau der Elbbrücken. Zum Glück dauerte dieser Zustand nicht lange an, denn zwei Jahre später war die vierte Mühle fertig gestellt, ebenfalls ein Galerieholländer, der 1874 bei einem Brand zerstört wurde. Die von den Niederländern entwickelte Holländerwindmühle verdrängte ab dem 16. Jahrhundert die zuvor üblichen Bockwindmühlen. Im Vergleich zu diesen verfügen jene Mühlen über mehr Platz für Müllereimaschinen sowie über einen größeren Wirkungsgrad der Maschine aufgrund eines höheren Mühlturmes. Die

22 WINDMÜHLE JOHANNA

Galerie ist ein umlaufender Balkon, von dem aus unter anderem die Flügel bedient werden können.

Die Wilhelmsburger Mühle war seit 1755 eine Zwangsmühle, das heißt, die Insulaner mussten ihr Getreide dort mahlen lassen, bis 1868 die Gewerbefreiheit eingeführt wurde. Letztere wirkte sich nachteilig auf den wirtschaftlichen Erfolg des Mühlbetriebs aus. 1890 löste Karl Blohm Christoph Cordes als Müllermeister ab, doch es ging weiter bergab, bis 1935 die Eheleute Erwin und Johanna Sievers die heruntergekommene Mühle kauften. Durch den Einbau eines Elektromotors und weitere Neuerungen gelang es ihnen, den Betrieb wieder zum Laufen zu bringen. Weil es an einem Nachfolger fehlte, verkauften sie 1961 die Mühle an die Stadt Hamburg. Es folgten unterschiedliche Nutzungen, bis 1997 der Wilhelmsburger Windmühlenverein e.V. das Erbbaurecht erwarb. Mit Unterstützung der Stadtentwicklungsbehörde restaurierte der Verein das denkmalgeschützte schöne Bauwerk (Abb. 22). Seit 1998 kann hier wieder mit Windkraft Getreide gemahlen werden. Im selben Jahr erhielt die Mühle den Namen »Johanna«, nach der letzten Müllerin. Johanna Sievers konnte die Restaurierung und Namengebung noch miterleben, sie starb 2004 im 99. Lebensjahr in ihrem kleinen Haus neben der Mühle.

Ein aktuelles Projekt des Wilhelmsburger Windmühlenvereins ist die Errichtung eines Backhauses mit einem Holzbackofen, das Besuchern den Weg vom Getreidekorn zum Brot anschaulich macht (Abb. 23). Zudem sollen hier eigene Backwaren auf traditionelle Weise hergestellt werden wie zum Beispiel das »Wilhelmsburger Mühlenbrot«, das zurzeit noch in einer Marmstorfer Bäckerei gebacken wird. Mit dem Backhaus knüpft der Verein an eine lange Tradition an, denn früher besserten die Wilhelmsburger Müller mit dem Backen von Brot ihr Einkommen auf. Die IBA Hamburg unterstützt das Projekt finanziell.

In der Schönenfelder Straße 100 steht das ehemalige Müllerhaus, ein Fachwerkgebäude vermutlich aus dem Jahr 1813. Es diente als Wohn- und Wirtschaftsgebäude des

23 DAS NEUE BACKHAUS IM BAU

Müllers. Hier wurde 1840 der Müllersohn Johann Wilhelm Cordes geboren, der Architekt und spätere Direktor des Ohlsdorfer Friedhofs.

Wenn wir der Schönenfelder Straße folgen, gelangen wir zu dem Wohnhaus des Bauunternehmers Eduard Theil (Hausnummer 59 A). Dieser ließ das Häuserviertel des Arbeiter-Bauvereins am Wilhelmsburger Bahnhof errichten. Das um 1890 enstandene Gebäude liegt etwas abseits der Straße. Es ist ein typisches Wohnhaus im Stil der Gründerzeit mit umlaufenden Putz- und Gesimsbändern sowie Fenstern, die mit Putz- und Stuckornamenten eingefasst sind.

In der Schönenfelder Straße 33 sehen wir eines der ältesten erhaltenen Fachwerkgebäude Wilhelmsburgs, einen zweigeschossigen Bau von 1690 mit einer repräsentativen Schauseite. In der Schönenfelder Straße 22 steht ein Fachwerkbau aus dem frühen 19. Jahrhundert, in dem wahrscheinlich eine Bäckerei untergebracht war. Das Gebäude wurde später verputzt.

Zur S-Bahn Wilhelmsburg gelangen wir jetzt in rund 15 Minuten (etwa ein Kilometer).

CAFÉS / KIOSKE / RESTAURANTS

Baris Bäckerei
Siedenfelder Weg 89
→ *Brot und Kuchen und Kaffeeausschank*

Café Eleonore
Kirchdorfer Straße 163
www.museum-wilhelmsburg.de
(Öffnungszeiten wie das Museum
Elbinsel Wilhelmsburg)
→ *schönes Café mit selbst gebackenem
Kuchen*

Gasthof Sohre
Kirchdorfer Straße 169
www.gasthof-sohre.de
→ *traditionsreicher Gasthof mit gutbürger-
licher Küche*

Kiosk »Die Klappe«
Kirchdorfer Straße / Ecke Brackstraße
→ *Kiosk mit regem Sonntagsbetrieb*

EINKAUFEN

Wochenmarkt
Karl-Arnold-Ring
→ *donnerstags zwischen 14 und 18 Uhr*

HOTEL

Gasthof Sohre
Kirchdorfer Straße 169
www.gasthof-sohre.de
→ *einfache Zimmer gegenüber der Kreuzkirche*

FREIZEIT / SPORT

Freizeithaus Kirchdorf-Süd
Stübenhöfer Weg 11
www.freizeithaus-kirchdorf.de
→ *umfangreiches Freizeit- und Kultur-
programm*

Integration durch Sport
Hamburger Sportbund-Programm
Erlerring 1
www.hamburger-sportbund.de
→ *Sportangebote für Kinder und Jugend-
liche*

Jugendzentrum Kirchdorf-Süd e.V.
Karl-Arnold-Ring 9
www.cafesl.de
→ *Angebote für Kinder, Jugendliche und
ihre Familien*

Kinderbauernhof Kirchdorf e.V.
Stübenhöfer Weg 19
www.kibaho.com
→ *hier können Kinder Pflegschaften für
Tiere übernehmen*

KULTUR

**Museum Elbinsel
Wilhelmsburg e.V.**
Kirchdorfer Straße 163
www.museum-wilhelmsburg.de
→ *zahlreiche Exponate zur Geschichte
Wilhelmsburgs*

Windmühle Johanna
Museum – Café – Kulturstätte
Schönenfelder Straße 99
www.windmuehle-johanna.de
→ *Erlebnis-Museum mit Backstube*

SOZIALES / NON-PROFIT

**Kindergarten
Wilhelmsburg**
Bauspielplatz am Galgenbrack e.V.
Karl-Arnold-Ring 13 A
www.kindergarten-baui.de
→ *Betreuung für Kinder zwischen zwei
und dreizehn Jahren*

Kinderstube Kirchdorf-Süd
Dahlgrünring 1
→ *Klönschnack, Mittagessen, Schulauf-
gabenhilfe für Kinder und Eltern*

Lass' 1000 Steine rollen!
Erlering 1
www.lass1000steinerollen.de
→ *offene Jugendarbeit im suchtpräventiven
Rahmen mit dem Schwerpunkt Musik*

Mädchentreff Kirchdorf-Süd
Erlerring 9
www.maedchentreff-ki-sued.de
→ *Freizeit- und Beratungsangebote für
Mädchen und junge Frauen*

Straßensozialarbeit Kirchdorf-Süd
Erlerring 7
→ *Beratung für junge Menschen zwischen
14 und 27 Jahren*

**verikom – Verbund für inter-
kulturelle Kommunikation und
Bildung e.V.**
Dahlgrünring 2
www.verikom.de
→ *Beratung und Bildung für MigrantInnen*

REIHERSTIEGVIERTEL

5

Stübenplatz ★ Hapag-Wohnungen/Hamburger Burg ★ Genossenschaftsbauten Fährstraße ★ Industrialisierung/Honigfabrik ★ Veringhöfe ★
Expressionistische Architektur Mannesallee ★ Emmauskirche ★ Energiebunker ★ Weltquartier ★ St. Bonifatius ★ Wasserturm Groß Sand

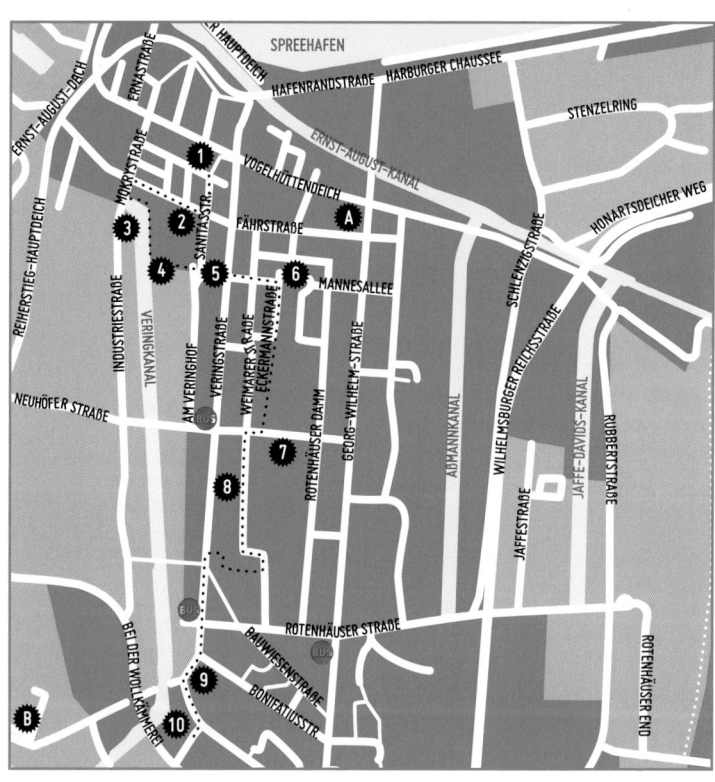

STARTPUNKT: Stübenplatz (Buslinie 13)
ENDPUNKT: Wasserturm Groß Sand (Haltestelle Krankenhaus Groß Sand/
Buslinien 13, 156, Letztere nur Mo–Sa)
DAUER: etwa 2 Stunden

Spricht man die Hamburger nördlich der Elbe auf Wilhelmsburg an, fällt ihnen meist als Erstes das Reiherstiegviertel ein, denn dieses ist der bekannteste Ortsteil der Flussinsel. Namensgeber ist der Reiherstieg, ein Elbarm, der den Westen Wilhelmsburgs senkrecht durchzieht. Jahrhundertelang ging hier alles seinen gewohnten Gang: Bauern bestellten ihre Felder und betrieben Viehzucht, Fischer sicherten ihren Lebensunterhalt durch Fischfang in der Elbe. Ein weiterer Erwerbszweig war der Schiffsbau. Das Jahr 1888 dann brachte den Hamburgern den Zollanschluss an das Deutsche Reich und den Ausbau des Freihafens (vgl. Steinwerder/Kleiner-Grasbrook-Fahrradtour). Als hafennahes Gebiet entwickelte sich der Westen der Elbinsel nun in nur wenigen Jahren zum Industriestandort und großstädtischen Wohnquartier für Arbeiter. Damals war die Elbinsel noch eine preußische Landgemeinde, 1927 erfolgte der Zusammenschluss mit Harburg zur Stadt Harburg-Wilhelmsburg und 1937 im Zuge des Groß-Hamburg-Gesetzes die Eingemeindung nach Hamburg.

Eine erneute Zäsur in der Entwicklung des Stadtteils bildet die Große Flut von 1962. In Wilhelmsburg ertranken die meisten der insgesamt 315 Hamburger Opfer (Abb. 1 + 2). Heute erinnern Flutmarken an den Hausfassaden daran, dass die Straßen des Reiherstiegviertels unter Wasser standen. Die Gebäude nahmen großen Schaden, rund 20 000 Wilhelmsburger wurden obdachlos. Viele von ihnen verließen den Stadtteil. 1965 beschloss der Hamburger Senat, den Westen Wilhelmsburgs für gewerbliche und industrielle Nutzung auszuweisen. Die rund 25 000 Bewohner sollten in den Osten der Elbinsel umgesiedelt werden. Dies kam einer Aufgabe des Reiherstiegviertels als Wohnstadtteil gleich. In den folgenden Jahren

1 STURMFLUT 1962: EINSATZ AUF DEM STÜBENPLATZ

verfielen die Häuser zusehends. »Gastarbeiter« und ihre Familien zogen in die heruntergekommenen Wohnungen. Erst zwölf Jahre später, 1975,

2 ÜBERSCHWEMMTE VERING-STRASSE, 1962

erkannte der Senat die Folgen seiner verfehlten Politik, begann mit längst überfälligen Sanierungs- und Modernisierungsmaßnahmen und leitete damit einen Aufwertungsprozess des Reiherstiegviertels ein, der bis heute anhält.

Rund 57 Prozent der Bewohner in ganz Wilhelmsburg haben gegenwärtig einen Migrationshintergrund, bei den unter 18-Jährigen sind es etwa drei Viertel. Viele von ihnen leben in dem Viertel westlich der Bahntrasse. Nicht zuletzt wegen seines multikulturellen Flairs und der gründerzeitlichen Altbauten erfreut sich das

Quartier seit einigen Jahren gerade unter jungen Menschen zunehmender Beliebtheit.

 STÜBENPLATZ

Das ZEIT-Magazin zählte den Stübenplatz 2012 zu den Hamburger Hipster-Vierteln. Wer hierherkommt und erwartet, wie auf der Piazza am Schulterblatt etliche Tische und Bänke mit Latte Macchiato schlürfenden jungen Leuten vorzufinden, sieht sich allerdings getäuscht. Wenn nicht gerade Wochenmarkt stattfindet (mittwochs und samstags, Abb. 4), ist auf der riesigen Fläche nicht viel los. Vorerst jedenfalls, denn in den angrenzenden Straßen Veringstraße und Vogelhüttendeich haben in den vergangenen Jahren neue Cafés eröffnet, die »Ottenser Charme« in den Stadtteil bringen.

Ein Mangel des Stübenplatzes sind die fehlenden Sitzgelegenheiten, die man offenbar bei der Neugestaltung im Jahr 1998 nicht einrichten wollte. Die Tische des türkischen Bistros »Pause« sind nämlich meist gut besucht. Dieses befindet sich in einem Pavillon, der zur selben Zeit wie das gewellte, auf hohen Stahlstützen stehende Dach entstand, unter dem Marktstände Platz finden (Abb. 3). Der Entwurf für die Neugestaltung stammt von dem Hamburger Architekturbüro Meyer Fleckenstein.

3 + 4 FLUGDACH UND MARKT AUF DEM STÜBENPLATZ

5 ALTES DEICHHAUS AM STÜBENPLATZ

Das Ziel war es, für mehr Attraktivität an diesem zentralen Ort im Nordwesten des Reiherstiegviertels zu sorgen.

Im Norden des Stübenplatzes, Vogelhüttendeich 55, ist mit dem alten Bauernhaus von 1887 ein Relikt des vorindustriellen Wilhelmsburgs erhalten (Abb. 5). Zum Zeitpunkt seines Entstehens prägten Wiesen und Weiden das Gebiet rund um den Reiherstieg, was sich allerdings nur wenige Jahre später radikal ändern sollte. Heute ist das sogenannte Alte Deichhaus Sitz verschiedener sozialer Projekte wie der Wilhelmsburger Tafel, die fünfmal die Woche einen Mittagstisch bietet.

Frühmorgens wird der Stübenplatz/Ecke Vogelhüttendeich zum Treffpunkt von Männern auf der Suche nach einem Job. Es sind Tagelöhner, Bulgaren meist, die von Kleinbussen eingesammelt und zu den Baustellen gefahren werden. Dort arbeiten sie acht bis zehn Stunden und erhalten dafür etwa dreißig Euro – moderne Sklavenarbeit, wie sie leider in vielen deutschen Großstädten Realität ist.

Wir überqueren jetzt den Stübenplatz und biegen links in die Sanitasstraße und dann rechts in die Fährstraße.

→ ABSTECHERTIPP A
HAPAG-WOHNUNGEN / »HAMBURGER BURG«, FÄHRSTRASSE 9–23

Wer diesen kleinen Abstecher machen will, überquert nicht den Stübenplatz, sondern folgt der Veringstraße und biegt links in die Fährstraße. Nach fünf Minuten ist das Ziel erreicht. Hier errichtete die Reederei Hapag zwischen 1910 und 1912 für ihre Kaiarbeiter einen Wohnblock mit Zwei- bis Dreizimmerwohnungen (vgl. Veddel-Spaziergang und Steinwerder/Kleiner-Grasbrook-Fahrradtour). Die Wohnungen sicherten ihren Mietern einen deutlich hö-

6 »HAMBURGER BURG«, UM 1920

heren Wohnstandard als die zuvor im Reiherstiegviertel entstandenen Mietskasernen. Mit der Ausführung beauftragte die Hapag den Bau- und Sparverein zu Hamburg, der 1899 erstmals den Bautypus der »Hamburger Burg« in Eimsbüttel realisiert hatte und dafür auf der Pariser Weltausstellung von 1900 ausgezeichnet worden war. Die Wohnanlage legt sich U-förmig um einen Hof, der sich zur Fährstraße öffnet (Abb. 6). Auf diese Weise erhält jede Wohnung Fenster zur Straße, was eine erhebliche Verbesserung gegenüber der Schlitzbauweise darstellt, die Wohnungen mit nur wenig Licht und Luft mit sich brachte. Den Entwurf lieferten die Architekten Wilhelm Behrens und Ernst Vicenz, die mit dem Ledigenhaus kurz darauf in der Hamburger Neustadt erneut nach dem Modell der »Hamburger Burg« bauten.

Kriegszerstörungen und Modernisierungen haben zu erheblichen Veränderungen der Wohnanlage in der Fährstraße geführt.

Neben der Hapag schufen auch andere Firmen wie die Wollkämmerei im Reiherstiegviertel Wohnraum für ihre Arbeiter. Der Nachteil dieser Werkswohnungen liegt auf der Hand: Verlor man seinen Job, war man auch die Wohnung los.

7 KREUZUNG FÄHRSTRASSE / VERINGSTRASSE, UM 1912

2 GENOSSENSCHAFTSBAUTEN, FÄHRSTRASSE 66–74, 79–81

Mit ihren gründerzeitlichen, in den vergangenen Jahren sanierten Eta-
genhäusern (Abb. 7 + 8) zählt die Fährstraße zu den schönsten Straßen
Wilhelmsburgs – dies gilt zumindest für den Teil westlich des Stübenplatzes. Ihr Name verweist auf den Fähranleger am Reiherstieg, von dem
bis 1986 mehrmals täglich eine Fähre zu den St.-Pauli-Landungsbrücken
verkehrte. In diesem Teil der Fährstraße entstanden um 1900 vor allem
Genossenschaftsbauten. Sie waren eine Reaktion auf die große Woh-
nungsnot und die katastrophalen Wohnverhältnisse, die zu dem Zeitpunkt im Reiherstiegviertel herrschten. Die nur gut zehn Jahre zuvor
begonnene Industrialisierung hatte die Bevölkerungszahl explosionsartig ansteigen lassen. Lebten 1875 rund 8000 Menschen in Wilhelmsburg,
waren es 1905 bereits 22360, von denen sich die meisten in Nähe ihrer
Arbeitsorte, der Industrie- und Hafengebiete, niederließen. Der Wohnungsbau blieb in den Anfangsjahren privaten Investoren überlassen,
die Geschossbauten von schlechter Qualität errichteten. Angesichts

8 FÄHRSTRASSE, UM 1912

dieser Misere nahmen schließlich fünfzig Arbeiter und Handwerker die Sache selbst in die Hand und gründeten 1901 den Bauverein Reiherstieg eG. Drei Jahre später erfolgte die Grundsteinlegung für den ersten Wohnblock in der Fährstraße, bis 1906 waren 107 Wohnungen fertig gestellt, in die Fach- und Hafenarbeiter mit ihren Familien zogen. Andere Wohnungsgenossenschaften folgten, beispielsweise die Schiffszimmerer-Genossenschaft. Sie wurde 1875, wie der Name nahelegt, von Schiffszimmerern gegründet, ein Berufszweig, der auch in Wilhelmsburg stark verbreitet war. 1910 errichtete die Genossenschaft das Gebäude in der Fährstraße 90. Auch in anderen Straßen des Reiherstiegviertels entstanden damals Genossenschaftsbauten.

Heute ist die Fährstraße eine recht belebte Straße, was sie nicht zuletzt den Studenten verdankt, die in den vergangenen Jahren, angelockt von günstigen Mieten, hierhergezogen sind. Eine entsprechende Infrastruktur mit kleinen Cafés und Läden, in denen trendbewusste junge Leute Kleidung, Taschen und vegane Lebensmittel kaufen können, ist auch bereits vorhanden.

GENTRIFIZIERUNG

»Wilhelmsburg steht vor der Gentrifizierung«, stellte die Hamburger Senatorin für Stadtentwicklung und Umwelt Jutta Blankau (SPD) im Sommer 2012 mit einiger Verspätung fest. Das Stichwort Gentrifizierung fällt heute in jeder politischen Diskussion, in der es um gestiegene Wohnungsmieten in sanierten Altbauvierteln geht. Der Begriff leitet sich von dem englischen Wort »gentry« (= niederer Adel) ab und beschreibt, wie Wohnquartiere durch Sanierungsmaßnahmen verändert werden und, damit einhergehend, gut verdienende Bevölkerungsgruppen die einkommensschwächeren Altmieter verdrängen. Letztere sind meist Migranten, Studenten und Künstler, durch deren Anwesenheit ein Viertel erst »hip« und damit für Investoren interessant wird. Stärker noch als in anderen Stadtteilen tritt in Wilhelmsburg die öffentliche Verwaltung in diesem Prozess als Akteurin auf: 2002 erklärte der damalige von der CDU geführte Senat Hamburg zur »Wachsenden Stadt« – mit diesem Leitbild wollte man im internationalen Städteranking einen der vorderen Plätze belegen. Als eine Maßnahme dieser Strategie wurde 2004 der »Sprung über die Elbe« proklamiert, ein städtebauliches Projekt, das die südlich der Elbe gelegenen Stadtteile wie die Veddel, Wilhelmsburg und Harburg aufwerten soll. Auch die Internationale Bauausstellung (IBA) Hamburg ist ein Bestandteil dieses Vorhabens (vgl. Wilhelmsburg-Mitte-Spaziergang), ein weiterer die Förderung des studentischen Wohnens in den genannten Gebieten. Seit 2004 gibt es den Mietkostenzuschuss durch die Hamburgische Wohnungsbaukreditanstalt, der Studenten und seit 2012 auch Auszubildenden günstiges Wohnen ermöglicht (vgl. Veddel-Spaziergang). Allein in das nördliche Reiherstiegviertel zogen bis Ende des Jahres 2012 rund 280 Studenten in Wohnungen der SAGA GWG. Die Miete beträgt pro Person maximal 198 Euro. Abgesehen von diesen wirklich erschwinglichen Beträgen, steigen mittlerweile auch in Wilhelmsburg die Mietpreise, wenngleich sie sich im Vergleich zu anderen Hamburger Stadtteilen noch auf einem niedrigen Niveau befinden. Zwischen 2006 und 2012 kletterte der Neuvermietungspreis hier von 6 Euro auf etwa 8,50 Euro pro Quadratmeter. Nicht zuletzt die rund 1200 neuen Wohnungen, die im Rahmen der IBA auf der Elbinsel entstanden, erhöhen die Attraktivität des Stadtteils für Besserverdienende und lassen die Mieten in die Höhe schnellen. Da die Preissteigerung Eingang in den Mietenspiegel findet, an dem sich die Genossenschaften und die SAGA GWG orientieren, ist es inzwischen für Menschen mit niedrigen Einkünften auch im Reiherstiegviertel nicht mehr einfach, eine bezahlbare Wohnung zu finden.

3 INDUSTRIALISIERUNG / HONIGFABRIK, INDUSTRIESTRASSE 125–131

Manche Bewohner der Fährstraße und Umgebung konnten einst in wenigen Minuten zu Fuß zu ihren Arbeitsstätten gelangen, was angesichts von Zwölf-Stunden-Schichten und Sechs-Tage-Wochen immerhin ein Vorteil war. Die ersten Industrieanlagen entstanden auf freiem Feld, bevor an

9 INDUSTRIEANLAGEN, UM 1910

10 WOHNHÄUSER IN DER INDUSTRIESTRASSE, UM 1910

Wohnhäuser für die dort Arbeitenden gedacht wurde. Auch Straßen gab es vielerorts noch nicht. Das Industriezeitalter begann in Wilhelmsburg 1889, ein Jahr nach Eröffnung des Hamburger Freihafens, mit der Inbetriebnahme der Wollkämmerei (vgl. Station Katholische Kirche St. Bonifatius). Ein Jahr später erkannten Carl und Hermann Vering die Gunst der Stunde. Die Brüder, die zu den größten Bauunternehmern des Deutschen Kaiserreiches gehörten, kauften von den Bauern rund 250 Hektar Land im Nordwesten Wilhelmsburgs, erhöhten es halbwegs flutschutzsicher und errichteten Straßen und Brücken. Es war die große Zeit der Bodenspekulation, die Grundstücke ließen sich für ein Vielfaches ihres Kaufpreises weiterverkaufen, städtebauliche Reglementierungen gab es noch nicht. Und so folgten den Gebrüdern Vering bald andere Terraingesellschaften, die in Wilhelmsburg weitere hafennahe Gebiete durch Straßen- und Kanalbau erschlossen und gewinnbringend an interessierte Unternehmer verkauften. Schon bald reihte sich rund um den Reiherstieg ein Schornstein an den nächsten, denn hier siedelten sich um die Jahrhundertwende in rascher Folge verschiedene Betriebe wie die heute noch bestehende Weizenmühle Prange, eine Kokerei, eine Teer- und eine Ölfabrik, chemische Werke und ein Zinnwerk an (Abb. 9 + 10).

Auch das Gebäude des Kulturzentrums Honigfabrik stammt aus dieser prosperierenden Zeit, in der rauchende Schlote noch als Zeichen für Fortschritt galten (Abb. 11). Heute gehört es zu den wenigen noch erhaltenen Anlagen der pflanzenölverarbeitenden Industrie, die Harburg und Wilhelmsburg zum Aufschwung verhalf. Errichtet wurde der Komplex mit dem weithin sichtbaren Turm 1906, es folgten einige Erweiterungen, die aber nicht erhalten sind. Bauherr

11 VERINGKANAL MIT HONIGFABRIK, ANFANG DES 20. JAHRHUNDERTS

war das Unternehmen Mohr und Franzen, das hier Margarine sowie Kokos- und Tafelspeiseöl herstellte. Nach dem Zweiten Weltkrieg bezog eine Honigfirma den Bau. 1976 gründete sich eine Initiative mit dem Ziel, im kulturellen Niemandsland Wilhelmsburg ein Stadtteilzentrum zu gründen. Man zog in das mittlerweile leer stehende Gebäude und startete bereits drei Jahre später mit einem regelmäßigen Programm. Heute ist die Honigfabrik eine weit über den Stadtteil hinaus bekannte Institution, unter deren Dach zahlreiche Einrichtungen wie die Geschichtswerkstatt, eine Holz- und Metallwerkstatt, ein Konzertsaal und ein Café vereint sind sowie Kurse für Jung und Alt Platz angeboten werden. In den Jahren 2006 bis 2008 erfolgte ein kompletter Umbau durch das Hamburger Architekturbüro Dohse, das auch den schönen verglasten Treppenturm errichtete.

Umweltschutz ist heute wie gestern ein großes Thema in Wilhelmsburg. Die Bewohner des Reiherstiegviertels lebten lange Zeit in unmittelbarer Nachbarschaft zu Industriebetrieben, die giftige Dämpfe in die Luft bliesen und die Kanäle und den Reiherstieg mit Abwässern verschmutzten. Immer wieder kam es zu Klagen der Anwohner, auf die die Behörden nur unzureichend reagierten.

Nach wie vor gibt es ein halbes Dutzend Industrieanlagen im Westen des Stadtteils, deren Emissionen zum Teil für Geruchsbelästigungen sorgen, die zudem weit über den zulässigen Werten liegen. Gegen die Nordischen Ölwerke Walther Carroux in der Industriestraße erstatteten Anwohner deshalb bereits vor einigen Jahren Anzeige. Inzwischen hat das Unternehmen in Abstimmung mit der Behörde für Stadtentwicklung und Umwelt ein Sanierungskonzept zur Verminderung der Emissionen erarbeitet. Eine weitere städtebauliche Aufgabe ist die Umnutzung aufgelassener Industrieflächen mit belasteten Böden. Das Gebiet zwischen Reiherstieg und Veringkanal ist ein Beispiel für eine sogenannte Metrozone. Mit diesem Begriff bezeichnet die IBA Hamburg eines ihrer drei Leitthemen (vgl. Wilhelmsburg-Mitte-Spaziergang). Eine Metrozone ist demnach ein Übergangsraum, der Hafenanlagen, Industriebrachen, Verkehrsschneisen, Wohnquartiere und Grünflächen umfasst.

Wir gehen nun links an der Honigfabrik vorbei, biegen rechts in eine kleine Grünanlage und gelangen geradeaus zu einem Steg im Veringkanal, der sich westlich der Veringhöfe befindet.

 KUNST- UND KREATIVZENTRUM VERINGHÖFE, AM VERINGHOF 23 B

Wir stehen nun vor einem weiteren Beispiel für die Umnutzung von Industriearchitektur. Fast sechzig Jahre lang, von 1913 bis 1972, stellte hier die Asbest- und Gummiwarenfabrik Martin Merkel KG Dichtungen für den Maschinenbau her. Dann errichtete sie ein weiteres Werk in der Industriestraße 64, wo das Unternehmen noch heute, mittlerweile aufgegangen in der Merkel Freudenberg Fluidtechnic GmbH, produziert. Der Verwaltungssitz der Firma befand sich bis 1996 auf diesem Gelände.

Das einzige erhaltene Gebäude entstand in den 1930er und 1960er Jahren in Stahlskelettbauweise (Abb. 12). Nach dem schrittweisen Rückzug der Dichtungsfabrik erlebte es eine wechselvolle Geschichte – es beherbergte einen türkischen Hochzeitssaal, einen russischen Club, eine Fahrschule und eine Autowerkstatt. 2007 beschloss die IBA

12 VERINGHÖFE

Hamburg, die unter ihrem Leitthema »Kosmopolis« auch kulturelle
Projekte initiierte (vgl. Wilhelmsburg-Mitte-Spaziergang), an diesem
Ort das »Kunst- und Kreativzentrum Veringhöfe« zu entwickeln. Das
Betriebs- und Nutzungskonzept erstellten das Unternehmen conecco
UG und die Stattbau Hamburg GmbH. Nutzer und Mieter des ehemaligen Verwaltungsbaus der Asbest- und Gummiwarenfabrik ist der Verein Veringhöfe e.V. Er hat mit der Stadt Hamburg als der Eigentümerin
einen dreißig Jahre laufenden Mietvertrag geschlossen, der eine Net-
tokaltmiete von 3,50 Euro fixiert und moderate Mietpreissteigerungen
vorsieht. Mit dem langfristigen Vertrag hat der Verein einer drastischen
Mieterhöhung vorgebaut, die im Zuge einer weitergehenden Gentrifizierung Wilhelmsburgs und angesichts der schönen Wasserlage nicht
unwahrscheinlich wäre. Im Gegenzug zur relativ preisgünstigen Miete
übernimmt der Verein die Verwaltungsaufgaben. Die IBA saniert das
Gebäude energetisch, sodass auch die Betriebskosten eher niedrig aus-
fallen. Außerdem werden die Bausubstanz, die Treppenhäuser und die
Haustechnik modernisiert.

Dem Verein gehören rund fünfzig überwiegend Wilhelmsburger Kulturschaffende an, die in dem Kanalgebäude ihre Ateliers haben. Der Großteil der Gemeinschaft setzt sich aus bildenden Künstlern wie Malern, Grafikern, Bildhauern und Fotografen zusammen, aber auch Bereiche wie Industrial Design, Modedesign, Theater und Yoga sind vertreten. Mit zwei Ausstellungen gaben sie im Jahr 2011 Einblick in ihre Arbeit. Kurse und die Zusammenarbeit mit Wilhelmsburger Bildungseinrichtungen sollen künftig das kulturelle Angebot im Stadtteil verbessern.

Wir durchqueren nun die kleine Grünanlage und gelangen zur Sanitasstraße. Durch eine Tordurchfahrt zwischen Sanitasstraße 24 und 26 gelangen wir in einen Innenhof.

 EXPRESSIONISTISCHE ARCHITEKTUR, MANNESALLEE 33–36

Hier begegnet uns wieder der Bautypus der Hamburger Burg (vgl. Abstechertipp A). Der Hof öffnet sich zur Veringstraße, das Gebäude wurde als Zweispänner errichtet, das heißt, pro Geschoss befinden sich zwei Wohnungen. Beim Anblick der Putzfassade fühlt man sich ein wenig an Architekturbilder des Malers Lyonel Feininger (1871–1956) erinnert. Auch hier herrscht der spitze Winkel. Erker, Loggien und Risalite – vorspringende Gebäudeteile – sorgen für eine starke Gliederung. An den Türen und Fenstern des Sockel- und des vierten Obergeschosses finden sich Pflanzen- und Tiermotive.

Der Bau ist ein Beispiel für expressionistische Architektur, ein Stil, der sich beinahe nur in Deutschland durchsetzen konnte. Bekanntestes Beispiel für Hamburg ist das Chilehaus, mit dem die Betonung der Vertikalen einen Höhepunkt erreichte. Im Hamburger Wohnhausbau war der Expressionismus in den 1920er Jahren gleichfalls vertreten, hier fand er vielfach auch in Backsteinfassaden Anwendung.

Der denkmalgeschützte Wohnblock entstand 1925 im Auftrag des Gemeindebauamtes, der Architekt ist leider nicht bekannt. Nach starken Kriegszerstörungen wurde das Gebäude 1949 wiederaufgebaut.

Wir gehen jetzt zur Veringstraße, einer Nord-Süd-Achse des Reiherstiegviertels, die von Großwohnanlagen der 1920er Jahre dominiert wird. Auf der gegenüberliegenden Straßenseite rechts, Hausnummern 46–56, erblicken wir ebenfalls einen expressionistischen Wohnkomplex. Hier fallen besonders die spitz vortretenden Erker ins Auge. Der Eigentümer ließ die Häuser vor einiger Zeit mintgrün streichen, was angeblich der ursprünglichen Farbe entspricht.

Wir überqueren die Veringstraße und gelangen in die Mannesallee.

 EVANGELISCH-LUTHERISCHE EMMAUSKIRCHE, MANNESALLEE 23

Das Bevölkerungswachstum im Reiherstiegviertel ließ bald den Wunsch nach einem eigenen Gotteshaus entstehen. Anfangs kümmerte sich die Kirchengemeinde Kirchdorf um die religiösen Bedürfnisse der neuen Bewohner, doch schon bald erkannte der zuständige junge Pastor Wilhelm Mannes – Namensgeber der Straße –, dass sich in einem Arbeiterstadtteil andere gemeindliche Aufgaben stellten als im ländlich geprägten Kirchdorf. 1895 kam es daher zur Gründung der selbständigen Gemeinde Wilhelmsburg-Reiherstieg, und bereits ein Jahr später konnte die erste Kirche des Reiherstiegviertels eingeweiht werden. Das Grundstück war eine Schenkung der Baufirma Vering, die allerdings nicht ohne Hintergedanken erfolgte, hoffte man

13 EMMAUSKIRCHE KURZ NACH DER FERTIGSTELLUNG 1896

14 MANNESALLEE MIT EMMAUSKIRCHE, UM 1906

doch, durch den Kirchbau den Einfluss der Sozialdemokratie auf die Arbeiter zu mindern. Der Architekt der neuen Kirche, der Hamburger Hugo Louis (1861–1935), war ein Schüler Conrad Wilhelm Hases und damit ein Vertreter der Hannoverschen Backsteingotik. Entsprechend errichtete er einen neugotischen Backsteinbau, von dem der Zweite Weltkrieg nur den Turm übrig ließ. Diesen integrierten die Architekten Bernhard Hopp und Rudolf Jäger Anfang der 1950er Jahre in den Neubau und hielten auf diese Weise die Erinnerung an die Vorgängerkirche lebendig. Das benachbarte Gemeindehaus entstand zur selben Zeit gleichfalls nach Entwürfen Hugo Louis'. Mit diversen Räumen diente es als Veranstaltungshaus und beherbergte seit 1912 auch die »Warteschule«, die spätere Kindertagesstätte. Seit der Fusion von Emmaus- und Paul-Gerhardt-Gemeinde zur »Reiherstieg-Gemeinde« sucht diese nach einem neuen Nutzungskonzept für das Gebäude.

Die Kirche wurde gebaut, weil die Arbeiterschaft im Stadtteil explosionsartig angewachsen war. Rings um das neue Gotteshaus, das anfangs fast allein auf weiter Flur stand (Abb. 13 + 14), ließen sich allerdings Vertre-

15 VISUALISIERUNG DES ENERGIEBUNKERS

ter des gehobenen Bürgertums wie Pastoren, Ärzte und Fabrikdirektoren nieder.

Wir biegen nun rechts in die Eckermannstraße. Vorbei an der Muradiye Moschee des Türkisch-Islamischen Kulturzentrums in der Eckermannstraße 6–8 gelangen wir zu einer Grünanlage, durchqueren diese und erreichen die Neuhöfer Straße.

 7 ENERGIEBUNKER, NEUHÖFER STRASSE 7

Seit 1943 prägt ein gewaltiger Betonklotz das östliche Reiherstiegviertel, dessen düsteres Äußeres lange Zeit durch die dunkel angelaufenen Wände noch verstärkt wurde. Architekt des festungsartigen Baus war Friedrich Tamms (1904–1980), ein Mitarbeiter Albert Speers, der auch den Entwurf für den Flakbunker auf dem Heiligengeistfeld lieferte. Er errichtete einen neungeschossigen Komplex auf quadratischem Grundriss mit einem Aufbau, der aus vier Rundtürmen besteht und jegliche äußere Gestaltung vermissen lässt. Der 44 Meter hohe Bunker diente der Flugabwehr und dem

Schutz der Zivilbevölkerung. Am Bau waren auch Zwangsarbeiter und KZ-Häftlinge beteiligt.

Wegen seiner Industrieanlagen wurde Wilhelmsburg zum Ziel alliierter Bombenangriffe, die etwa 700 Opfer forderten. Insgesamt rund 30 000 Menschen suchten während des Kriegs Schutz in den Bunkerräumen, auch Ausgebombte fanden hier eine Unterkunft.

1947 zerstörte die britische Armee das Innere des Gebäudes durch Sprengungen. Dies verhinderte – im Unterschied zum Bunker auf dem Heiligengeistfeld – eine weitergehende Nutzung. Als eindrucksvolles, aber einsturzgefährdetes Mahnmal gegen Krieg und Faschismus rottete der monumentale Bau jahrzehntelang vor sich hin, bis die IBA Hamburg ihn zum Klimaschutz-Projekt erklärte und in »Energiebunker« umbenannte. Das Gebäude wurde saniert und in ein Ökokraftwerk umgewandelt (Abb. 15). Auf dem Dach erhielt es eine Solarthermieanlage, die Wärme erzeugt, und an der Südseite eine Photovoltaikanlage, die Strom produziert. Im Inneren sorgen ein Biogas-Blockheizkraftwerk, ein Holzhackschnitzel-Kessel und ein Spitzenlast-Kessel für die Gewinnung von Strom und/oder Wärme. Geplant ist, mittels des Energiebunkers bis 2015 den Wärmebedarf von etwa 3000 und den Strombedarf von etwa tausend Wilhelmsburger Haushalten zu decken.

Ein Café in dreißig Meter Höhe lädt zum Verweilen mit schöner Aussicht ein, eine Ausstellung dokumentiert die Geschichte des trutzigen Bauwerks.

Wir folgen nun der Neuhöfer Straße in westliche Richtung und biegen links in die Weimarer Straße.

8 WELTQUARTIER, WEIMARER STRASSE / VERINGSTRASSE

In unmittelbarer Nachbarschaft zu dem schroffen Kriegsmonument leben die Bewohner der Weimarer Straße. Auf den ersten Blick wirken die Gebäude rechts und links der Straße modern, schnell erkennt man jedoch, dass es sich um schlichte Rotklinkerbauten handelt, die neu gestaltet wurden (Abb. 16 + 17). Die Siedlung entstand im Auftrag der Hamburger Howaldt-Werft, die in den 1930er Jahren und noch nach Kriegsbeginn zwischen der Georg-Wilhelm-Straße und der Veringstraße für ihre Arbeiter einfache Zeilenbauten mit Ein- bis Dreizimmerwohnungen errichtete. Heute wohnen hier Menschen aus über dreißig Ländern. Die Wohnungen gehören zum Bestand der SAGA GWG. 2008 führte die IBA Hamburg einen städtebaulichen Ideenwettbewerb für das Viertel durch, den das Lübecker Architekturbüro kfs krause feyerabend sippel für sich entscheiden konnte. Der Projektplan sieht bis Ende 2013 eine Reihe von Maßnahmen vor: Zehn der Zeilenbauten werden umgebaut und energetisch saniert. Sechs Gebäude in der Weimarer Straße und der Veringstraße müssen Neubauten im Passivhaus-Standard weichen. Insgesamt entstehen elf neue Wohnhäuser. Mit bis zu neunzig Quadratmetern bieten die neuen Wohnungen mehr Platz als die alten, die maximal 75 Quadratmeter groß waren. Dies wird durch eine Vergrößerung des Wohnbereichs und der Badezimmer sowie durch Loggien erreicht. Die Umbauarbeiten betreffen 753 der insgesamt 823 Wohnungen. Die Bewohner, deren Internationalität dem Viertel seitens der IBA den Namen »Weltquartier« eintrug, müssen während dieser Zeit Flexibilität zeigen, denn sie wurden ausquartiert. Laut IBA gibt es für sämtliche Mieter eine Rückzugsgarantie, allerdings nicht immer in ihre ehemaligen Wohnungen. Dies wäre auch gar nicht

16 + 17 ZEILENBAUTEN IM WELTQUARTIER

möglich, da Wohnungen zusammengelegt wurden, um mehr Wohnfläche zu schaffen. Die Mieten steigen um 53 Cent pro Quadratmeter und liegen nun bei nettokalt 5,65 Euro. Ein Teil der Erhöhung soll durch verminderte Nebenkosten, bedingt durch die energetische Sanierung, ausgeglichen werden. Die Neubauwohnungen im Passivhaus-Standard kosten nettokalt 5,70 Euro.

Die IBA hat die Mieter an dem Modernisierungsprozess beteiligt, und trotzdem gibt es zum Teil Unzufriedenheiten mit dem Ergebnis. So beklagen beispielsweise manche Bewohner, dass die Wintergärten schlecht zu nutzen seien und die Wohnungen verdunkelten. Auch die Informationspolitik der SAGA GWG wird von einigen beanstandet. Nach Ansicht des Vereins Mieter helfen Mietern e.V. ist das Vorgehen von IBA und SAGA GWG in diesem Projekt wenig transparent.

Wir folgen der Weimarer Straße und gelangen zum Weimarer Platz. Gestaltet hat diesen Bereich der Landschaftsarchitekt Sven Andresen, auch hier konnten die Bewohner des Weltquartiers Ideen einbringen. Entstanden ist ein schöner verkehrsberuhigter Platz mit Sitzgelegenheiten, einer Boulefläche und Spielgeräten. Als Gemeinschafts- und Veranstaltungsraum für die Mieter dient ein polygonaler Pavillon (Abb. 18), den das Hamburger Architekturbüro Kunst + Herbert als Energie-plus-Haus realisierte, das heißt, das Gebäude erzeugt mehr Energie, als es verbraucht. Montags wird in dem Bau ein Frühstücksbuffet angeboten, donnerstags gibt es Mittagstisch und nachmittags Kaffee und Kuchen. Organisatorischer Betreiber des Nachbarschaftspavillons ist »Der Hafen – Verein für psychosoziale Hilfe Harburg e.V.«, der Menschen mit seelischen

18 IBA-PAVILLON

Erkrankungen in arbeitstherapeutischen Projekten beschäftigt. Auch der Türkische Elternbund Wilhelmsburg ist hier ansässig.

Wir gehen einen Fußweg in westliche Richtung und gelangen zur Veringstraße, in die wir links einbiegen und der wir bis zur anschließenden Bonifatiusstraße folgen.

9 KATHOLISCHE KIRCHE ST. BONIFATIUS, BONIFATIUSSTRASSE 1

Im März 1913 kursierte in Wilhelmsburg ein Flugblatt, in dem Mitglieder der Bonifatiusgemeinde einen polnischen Pfarrer für die Gemeinde forderten, »nicht einen Deutschen, der Polnisch gelernt hat, sondern einen Polen von Haut und Knochen«. Unterzeichnet war die Flugschrift mit »Wir Polen von Wilhelmsburg«. Zum damaligen Zeitpunkt gehörten zu der Pfarrgemeinde St. Bonifatius fast 7000 polnische Mitglieder. Sie kamen aus den deutschen Ostgebieten wie Posen, Schlesien und Westpreußen und waren meist polnischer Muttersprache und katholischer Konfession. Angeworben hatte die jungen Zuwanderer die Norddeutsche Wollkämmerei und Kammgarnspinnerei zu Reiherstieg-AG, die dringend Arbeitskräfte benötigte (Abb. 19). Ein Jahr nach seiner Gründung im Jahr 1889 beschäftigte das Unternehmen bereits eintausend polnische Männer und Frauen, die meist am Vogelhüttendeich lebten, was dem Gebiet im Volksmund auch den Namen »Klein-Warschau« eintrug (Abb. 20). Hier wohnten die ärmsten der Wilhelmsburger Industriearbeiter.

Kirchlich gehörte das preußische Wilhelmsburg damals zum Bistum Hildesheim, zum Gottesdienst mussten die Neuankömmlinge nach Harburg zur Kirchengemeinde St. Maria reisen. Bereits 1891 kam die Direktion der Wollkämmerei

19 WOLLKÄMMEREI, UM 1920

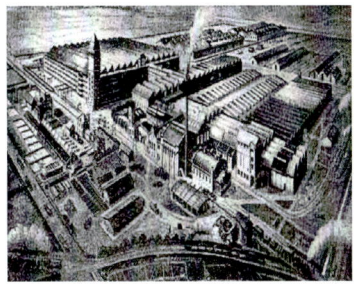

dem Wunsch ihrer Arbeiter nach einem Betsaal in der Fabrik nach, ein Kaplan aus Harburg wurde als Seelsorger für die Wilhelmsburger Katholiken eingesetzt. Sein Gehalt finanzierten die Gläubigen zur Hälfte selbst. 1893 schenkte die Firma Vering ein Grundstück und 10 000 Mark für den Bau einer eigenen Kirche, die 1898 fertig gestellt und auf den Namen des Heiligen Bonifatius geweiht wurde. Unzufrieden blieben die Polen lange Zeit mit den schlechten Polnischkenntnissen ihrer Geistlichen, dies änderte sich erst 1920 durch Kaplan Konrad Dohrenkamp, der die Sprache gut beherrschte.

Der Architekt der St.-Bonifatius-Kirche war Richard Herzig (1851–1934), der im Bistum Hildesheim 21 Gotteshäuser baute. Er entwarf eine neuromanische Backsteinbasilika mit einer Doppelturmfassade (Abb. 21). Nach Bombenschäden im Zweiten Weltkrieg wurde die Kirche unter Leitung Karl Sterras wiederaufgebaut. Mitte der 1960er Jahre erfolgte eine Neugestaltung durch den Architekten Egon Pauen, die auch eine Reaktion auf das Zweite Vatikanische Konzil darstellte, das die »Erneuerung« der römisch-katholischen Kirche zum Ziel hatte. Entsprechend der neuen Gottesdienstordnung, wonach der Priester die Eucharistie mit dem Gesicht zur Gemeinde zelebrieren darf, bekam der Altar einen neuen Platz in der Vierung (Abb. 22 + 23). Auf drei Seiten von Gestühl umgeben, bildet er seitdem den Mittelpunkt des liturgischen Geschehens. Weitere Baumaßnahmen lassen den Einfluss des architektonischen Stils der Zeit erkennen. Die Chor-

20 VOGELHÜTTENDEICH, UM 1900

21 BONIFATIUSKIRCHE, UM 1900

rückwand und die Stirnwände von Lang- und Querhaus wurden aus
Sichtbeton errichtet, und die Giebel des Querschiffs erhielten einen Abschluss aus einer Stahlbeton-Lamellen-Konstruktion.

Das Gebäude der gegenüberliegenden katholischen Bonifatiusschule
entstand um 1900. Die Schule ist heute eine Grund- und Stadtteilschule,
zu der auch eine Kita gehört.

Wir überqueren nun den Bonifatiusplatz und biegen rechts in die
Straße Groß-Sand.

 WASSERTURM GROSS SAND, AM VERINGKANAL / GROSS SAND

Im Jahr 1902 klagten etliche Wilhelmsburger über Fieber, Bauchschmer-
zen und Darmverstopfung. Eine Typhusepidemie grassierte, für die man
die schlechten hygienischen Wohnverhältnisse und verschmutztes Trink-

wasser verantwortlich machte. Zumindest Letzteres wollte man künftig vermeiden, und so entschloss sich der Gemeinderat, ein Wasserwerk am Rathauswettern Kanal (vgl. Wilhelmsburg-Mitte-Spaziergang) zu bauen. Zur selben Zeit, 1911, errichtete man einen Wasserturm, der den nötigen Wasserdruck gewährleisten sollte. Das im Wasserwerk gewonnene Wasser wurde über anderthalb Kilometer lange Rohre zum Wasserturm transportiert, von hier aus erfolgte die Einspeisung in die Versorgungsanlage. Bis 1957 war der Turm in Betrieb.

Seine schlanke Gestalt erhält das 46 Meter hohe Bauwerk durch einen halbkugelförmigen Behälter in Hängebodenbauweise, denn anders als beispielsweise ein kugelförmiger Wassertank überragt dieser das Ständerbauteil nur wenig. Diese Technik war zum damaligen Zeitpunkt hochmodern. Den Entwurf für den Wasserturm lieferte der Altonaer Architekt Wilhelm Brünicke. Er errichtete einen Bau, der von der Heimatschutzbewegung beeinflusst ist. Dunkelrote Klinker verkleiden die Stahlbetonkonstruktion. Gestaltet wird die Fassade durch rautenförmige Zierverbände und Mauerwerksquaderungen. Der Wasserbehälter zeichnet sich nach außen durch umlaufende Balkone und eine eigene Wandgliederung ab (Abb. 24).

Der Turm enthielt Räume für die Leitung des Wasserwerks sowie Dienstwohnungen, und auch das Heimatmuseum fand hier zeitweilig Unterkunft. Seit 1991 gehört er zum Krankenhaus Groß Sand und damit zum

22 + 23 INNENRAUM DER BONIFATIUSKIRCHE, 1959 UND 1966

24 WASSERTURM NACH DER FERTIGSTELLUNG 1911

Immobilienbestand der katholischen Kirchengemeinde St. Bonifatius. In den fünf Wohnungen ist medizinisches Personal untergebracht, außerdem lebt die Witwe eines Wasserwerkers in dem imposanten Gebäude am Veringkanal.

→ ABSTECHERTIPP B

PARK AM REIHERSTIEG

Wer zum Abschluss die Wasserlage der Elbinsel Wilhelmsburg erleben möchte, überquert die Brücke über den Veringkanal und gelangt über die Straße Alte Schleuse in einen kleinen Park am Reherstieg. Im Jahr der internationalen gartenschau hamburg (igs), 2013, verkehrt eine Barkasse zwischen den St.-Pauli-Landungsbrücken und dem Reiherstiegknie. Von hier aus führt eine Promenade direkt zum Eingang West der igs. Die Barkassenverbindung soll auch über die igs hinaus bestehen bleiben.

BARS / CLUBS

Bar Deichdiele
Veringstraße 156
www.deichdiele.de
→ *tagsüber Café, abends Bar*

Wunder-Bar
Fährstraße 62
www.meikes-wunder-bar.de
→ *Mai Tai & Co. ab vier Euro*

CAFÉS / RESTAURANTS / IMBISSE

Café Kaffeeliebe
Fährstraße 69
→ *Soja-Latte, Fritz-Limo, Sandwich und Kuchen im »Schanzen-Ambiente«*

Café Pause (Honigfabrik)
Industriestraße 125
→ *gemütliches Café zum Entspannen und Lesen*

Der Baguette-Laden
Veringstraße 97 / Ecke Neuhöfer Straße
www.derbaguetteladen.de
→ *Baguette u. a. mit Hotdog-Würstchen, Čevapčići oder Leberkäse*

Don Matteo
Veringstraße 69
→ *kleines, familiär geführtes italienisches Restaurant*

Eiscafé San Remo
Veringstraße 27
→ *freundliche Bedienung, sehr leckere Eisbecher*

Hamam Café Bar
Veringstraße 60
www.hamampalace.de/de/content/cafe-bar
→ *Einkehr nach dem Hamam-Besuch*

Mittenmang
Veringstraße 14/Am Stübenplatz
→ *selbst gebackene Kuchen und Mittagstisch*

O Atlantico
Portugiesisches Restaurant
Veringstraße 26/Am Stübenplatz
→ *Fisch, Lamm und vegetarische Gerichte*

Pause
Imbiss – Bistro – Eiscafé
Veringstraße 19 (Stübenplatz)
www.pause-imbiss.de
→ *gut besuchter Imbiss auf dem Stübenplatz*

Pianola
Vogelhüttendeich 62
www.pianola-adomeit.de
→ gemütliche Restaurantkneipe, gute
Küche

Plattenladen
Veringstraße 28
→ junges Crêpecafé – kein Vinyl

Seu-Café
Veringstraße 26/Am Stübenplatz
→ portugiesisches Gebäck und Tapas bis
23 Uhr

TONNE
Am Veringhof 13
www.tonne.cc
→ angesagtes Café direkt am Veringkanal

Zum Wilhelmsburger
Weimarer Straße 1
→ gutbürgerliche deutsche Küche

Zum Anleger
Vogelhüttendeich 123
www.zum-anleger.de
→ Weinbar & Biergarten direkt am Kanal

LÄDEN

Bäckerei / Konditorei Hölzel
Veringstraße 33
→ belegte Brötchen ab 1,50 Euro

Black Ferry
Fährstraße 56
→ cooler Laden mit Büchern, Schallplatten
und veganen Lebensmitteln

Buchhandlung Lüdemann
Fährstraße 26
www.luedebuch.de
→ die Stadtteilbuchhandlung von
Wilhelmsburg

Bulgarische Kost
Fährstraße 39
www.bulgarische-kost.com
→ bulgarische Lebensmittel, Biere, Weine
und Spirituosen

Eisen-Jens
Veringstraße 44
www.eisen-jens.de
→ Eisenwarenparadies, nicht nur für
Heimwerker und Gartenfreunde

Fleischerei Kaya
Veringstraße 33
→ Fachgeschäft mit Imbiss

Käse Kaufmann
Stübenplatz (Wochenmarkt)
→ 100% Biokäse, mittwochs von 7 bis
13 Uhr

Kismet Bäckerei
Fährstraße 22
→ Fladenbrot und türkisches Gebäck ab
drei Uhr morgens

154

Messie de luxe
Mokrystraße 17
www.messie-de-luxe.de
➔ *poppige (Hand-)Taschen, Möbel und Wohnaccessoires*

Wilhelmine Faire Fashion
Veringstraße 27
www.novoodesign.com
➔ *nachhaltige Mode mit »10 Prozent Studi-Rabatt«*

HOTEL

Hotel Hagemann Novum
Vogelhüttendeich 87
www.novum-hotels.de
➔ *Drei-Sterne-Hotel mit sechzig Zimmern*

FREIZEIT / SPORT

Hamam Palace
Veringstraße 60
www.hamampalace.de
➔ *türkische Badekultur zur Entspannung von Körper und Seele*

Haus der Jugend Wilhelmsburg
Rotenhäuser Damm
www.hdj-wilhelmsburg.de
➔ *Angebote von Bewerbungshilfe über psychomotorische Trainings bis zum Trampolinspringen*

KULTUR

Honigfabrik
Industriestraße 125–131
www.honigfabrik.de
➔ *Kulturzentrum mit großem Angebot*

Internationale Begegnungsstätte zu Wilhelmsburg e.V.
Fährstraße 14
➔ *Freizeit- und Kulturangebote, auch für Senioren*

SOZIALES / NON-PROFIT

Beratungsstelle Wilhelmsburg
Vogelhüttendeich 81
➔ *für Kinder, Jugendliche und Eltern*

LOTSE
Fährstraße 66
www.der-hafen-vph.de
➔ *Unterstützung für Menschen mit psychischen Erkrankungen*

Nordlicht e.V.
Fährstraße 89
www.nordlicht-ev.de
→ *Hilfsangebote für gewaltbereite Jugend-*
liche

treffpunkt.elbinsel
Fährstraße 51 A
www.alsterdorf-assistenz-west.de
→ *Sozial- und Schuldnerberatung, Freizeit-*
angebote

Westend
Quartierstreff
Vogelhüttendeich 17
www.stadtmission-hamburg.de
→ *Familienhilfen, Lesungen, Musikabende*

Wilhelmsburger Tafel
»Altes Deichhaus«
Vogelhüttendeich 55
→ *Frühstück, Mittagstisch und Kaffee*
für bedürftige Menschen

Verein Zukunft Elbinsel
Rotenhäuser Damm 72 C
www.zukunft-elbinsel.de
→ *im Bereich Stadtteilentwicklung sehr*
engagierter Verein

Veringeck
Veringstraße 60
→ *Wohnangebote für alte Menschen mit*
und ohne Migrationshintergrund

WILHELMSBURG-MITTE

6

»Altes Bahnhofsviertel« ✴ »Bildungszentrum Tor zur Welt« ✴ St.-Maximi-
lian-Kolbe-Kirche ✴ Berta-Kröger-Platz ✴ BSU ✴ Wilhelmsb. Reichsstraße ✴
Bürgerhaus/Barkassenanleger ✴ Rathaus (Ortsamt) ✴ Wasserwerk ✴ Bauaustellung in der Bauaustellung ✴ Eingangskomplex am Inselpark

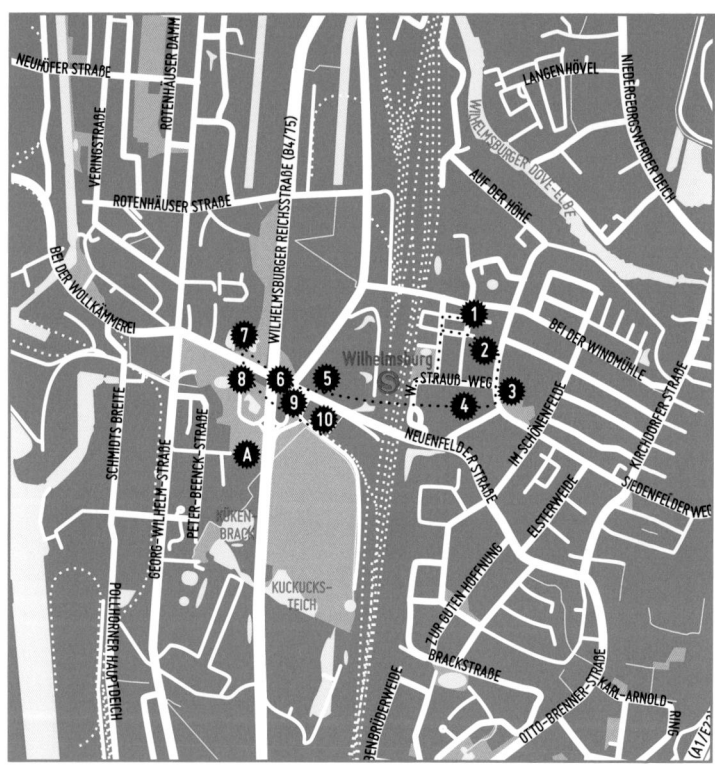

STARTPUNKT: S-Bahnhof Wilhelmsburg (S3)
ENDPUNKT: Neuenfelder Straße 31 (Ärztehaus)
DAUER: etwa 2 Stunden

Wilhelmsburg ist der größte Stadtteil Hamburgs. Auf 3500 Hektar leben hier 50 000 Menschen. Zum Vergleich: Eppendorf hat rund 23 000 Einwohner bei einer Fläche von nicht einmal 300 Hektar. Trotz oder gerade wegen seiner Größe fehlt dem Stadtteil ein Zentrum. Dies liegt vor allem an der Eisenbahntrasse und der Wilhelmsburger Reichsstraße, die die Elbinsel in Nord-Süd-Richtung durchschneiden. Den Wunsch nach einer »Mitte« hatten die Wilhelmsburger schon vor über hundert Jahren. So wurde 1903 das erste Rathaus auf unbesiedeltem Gebiet im Herzen Wilhelmsburgs errichtet. Auch die Teilnehmer der Zukunftskonferenz 2001/2002 forderten ein Zentrum für den Stadtteil. Die Internationale Bauausstellung (IBA) Hamburg entwickelte zwischen der Wilhelmsburger Reichsstraße und der

1 IBA UND IGS IN WILHELMSBURG

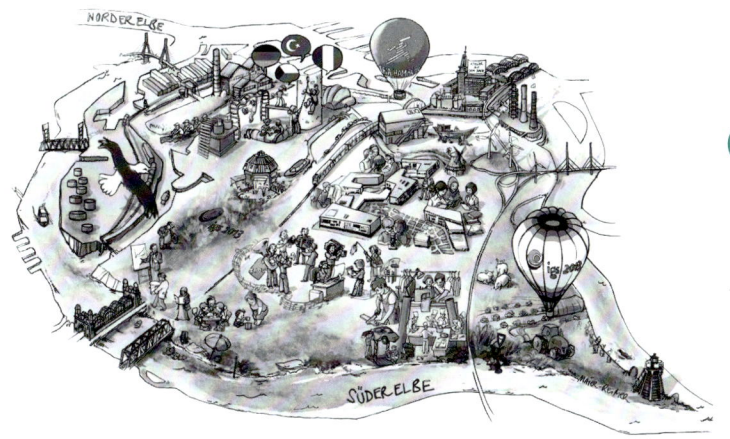

158 Bahntrasse ihr größtes Bauprojekt. Auf rund dreißig Hektar ist ein ganz neues Stadtquartier entstanden. Dazu gehören die Wohn- und Bürobauten der »Bauausstellung in der Bauausstellung«, der benachbarte Komplex mit Ärztehaus, Seniorenheim, Wälderhaus, Haus der InselAkademie und großer Sporthalle sowie der Neubau der Behörde für Stadtentwicklung und Umwelt. Auch der Inselpark auf dem Gelände der internationalen gartenschau (igs) ist nach deren Ende ein Bestandteil der »Neuen Mitte« Wilhelmsburgs (Abb. 1).

 »ALTES BAHNHOFSVIERTEL«, BUDDESTRASSE

Wir folgen am S-Bahnhof Wilhelmsburg dem Wilhelm-Strauß-Weg in nördliche Richtung, biegen links in die Witte- und dann rechts in die Buddestraße ein.

Wer einen Blick in das Wilhelmsburger Adressbuch von 1926 wirft, entdeckt unter dem Eintrag »Buddestraße« hinter den dort verzeichneten Namen lauter Berufsbezeichnungen wie »Rangiermeister«, »Schaffner«, »Zugführer«, »Weichensteller«, »Zugabfertiger«, »Lokomotivführer« und »Eisenbahnschmied« (Abb. 2). Die zunehmende Industrialisierung Wilhelmsburgs erforderte die Errichtung eines gut funktionierenden Verkehrssystems. Dazu gehörte neben dem Straßen- und Kanalbau auch die Erweiterung des Schienennetzes. 1872 wurde mit der Eröffnung der Elbbrücken eine durchgehende Eisenbahnverbindung zwischen Hamburg und Harburg geschaffen. Aber erst 1890 erhielt Wilhelmsburg einen Güterbahnhof, 1892 einen Personenbahnhof. In der Nähe des Güterbahnhofs, zwischen der Thielenstraße und dem Wilhelm-Strauß-Weg, entstand ein

2 ADRESSBUCH WILHELMSBURG, 1926

Buddestraße.
(Bahnhof—Stillhorn I.)
2.

Die an der Buddestraße stehenden Wohnhäuser Nr. 1—21 und 24—30 sind Eigentum des „Eisenbahn-Bauvereins".

1 Cohrs, Johann, Maschinenputzer.
Retiel, Wilhelm, Rangiermeister.
Rau, Lorenz, Schaffner.
Riedmann, Gustav, Schaffner.
Harms, Wilhelm, Rangierer.
Schultz, Herm., Hilfsfeuermann.
Kampmann, Claus, Rangierer.

3 VISUALISIERUNG DES »BILDUNGSZENTRUMS TOR ZUR WELT«

neues Wohnviertel für die Bahnbediensteten. Viele von ihnen kamen aus der Region Schlesien, die damals zum Deutschen Reich gehörte. Der Eisenbahn-Bauverein errichtete für die Neuankömmlinge einfache, meist viergeschossige Häuser im Gründerzeitstil. Heute leben hier überwiegend Menschen mit Migrationshintergrund.

Wir gehen nun die Wittestraße ein Stück zurück, biegen links in die Jungnickelstraße, rechts in einen kleinen Fußweg und links in einen Weg entlang der Wettern. Auf der linken Seite sehen wir die Holzfassaden des neuen Bildungszentrums.

 »BILDUNGSZENTRUM TOR ZUR WELT«, KRIETERSTRASSE 5

Im Sommer 2000 geriet Hamburg deutschlandweit in die Schlagzeilen, als ein Kampfhund einen sechsjährigen Jungen durch Bisse tödlich verletzte.

Der Vorfall ereignete sich auf dem Schulhof der Grundschule Buddestraße und beförderte Wilhelmsburgs Ruf als »Problemstadtteil«. Der Initiative engagierter Eltern ist es zu verdanken, dass sich in den vergangenen Jahren im Schulwesen einiges zum Besseren verändert hat. Unzufrieden mit dem vorhandenen Angebot und bestrebt, die Abwanderung junger Familien zu verhindern, erwirkten sie die Gründung der Elbinselschule, die 2008 in den Räumen der Grundschule Buddestraße eröffnet wurde. Die Elbinselschule ist eine Modellgrundschule mit einem besonderen pädagogischen Konzept, das auf die sehr heterogene Schülerschaft eingeht und Schwierigkeiten wie die mangelnden Deutschkenntnisse vieler Kinder schnell zu beheben versucht.

Die Schule ist Teil des IBA-Projekts »Bildungszentrum Tor zur Welt«, zu dem auch das Helmut-Schmidt-Gymnasium, die Sprachheilschule Wilhelmsburg, die Kita Koppelstieg und Fortbildungseinrichtungen wie unter anderem die Elternschule Wilhelmsburg, die Volkshochschule und der Verein Weiterbildung Hamburg e.V. gehören. Kooperationspartner sind die HafenCity Universität, das Landesinstitut für Lehrerbildung und Schulentwicklung und das Hamburger Planetarium. Ziel ist die bessere Vernetzung der Bildungseinrichtungen, um die Lern- und Lebenschancen der Schüler und ihrer Eltern zu verbessern. Das Projekt umfasst Neubauten auf dem Gelände der Elbinselschule, die das Hamburger Architekturbüro bof architekten nach einem Wettbewerb realisierte (Abb. 3 + 4). Die Gebäude wurden in Passivhausbauweise errichtet und haben eine Solaranlage. Ein Multifunktionszentrum ergänzt die Schulbauten. Vorhandene Gebäude auf der anderen Seite der Krieterstraße wie das des Helmut-Schmidt-Gymnasiums werden saniert und um ein School & Business Center für die engere

4 BAUSTELLE »TOR ZUR WELT«

Verzahnung von Schule und Beruf sowie ein Umwelt & Science Center für die Vertiefung des naturkundlichen Unterrichts erweitert. Für die Außenanlagen sind die Hamburger Landschaftsarchitekten Breimann & Bruun verantwortlich. Bei der Gestaltung des Eingangsbereichs folgten sie den Ideen von Schülern und Eltern, die sich Schiffe als Symbol für Kulturen, Nationalitäten und die Wege der Menschen aus fernen Ländern wünschten. Die Krieterstraße ist auf der Höhe des »Bildungszentrums Tor zur Welt« verkehrsberuhigt.

Wir folgen nun der Krieterstraße in südliche Richtung und gelangen zu einer Kirche.

INTERNATIONALE BAUAUSSTELLUNG (IBA) HAMBURG

Die erste Internationale Bauausstellung fand 1901 auf der Mathildenhöhe in Darmstadt statt und zeigte die Jugendstilhäuser der dort tätigen Künstler. Während Berlin bereits zweimal (1957 und 1984) eine Bauausstellung organisierte, richtet Hamburg das erste Mal eine IBA aus. Wichtiger noch als die Zurschaustellung der architektonischen Avantgarde sind die Impulse für den städtebaulichen Wandel, die von den IBAs ausgehen sollen. Die IBA Hamburg hat sich viel vorgenommen. Mit Bauten, sozialen und kulturellen Initiativen sowie Veranstaltungen und Publikationen soll gezeigt werden, wie die Zukunft der Metropolen in Zeiten von Globalisierung, Multikulturalität und Klimawandel aussehen kann. Das Konzept gliedert sich dementsprechend in drei Leitthemen. Unter der Überschrift »Kosmopolis« finden sich Projekte, die das soziale Miteinander einer internationaler werdenden Stadtgesellschaft zum Inhalt haben. Hinter dem Begriff »Metrozone« verbirgt sich die Frage, wie aus innerstädtischen Orten, wo Wohnviertel, Industriebrachen, Hafenbecken und Bahnflächen aufeinandertreffen, lebenswerte Quartiere werden können. Das dritte Leitthema »Stadt im Klimawandel« versucht, Wachstum und Nachhaltigkeit miteinander zu verbinden.

Den Beschluss zur IBA fasste die Hamburger Bürgerschaft 2005, im darauffolgenden Herbst erfolgte die Gründung der IBA Hamburg GmbH, einer hundertprozentigen Tochtergesellschaft der Stadt Hamburg. Die IBA Hamburg gehört wie die internationale gartenschau (igs) zum Projekt »Sprung über die Elbe«, das eine wesentliche Maßnahme des 2002 vom Hamburger CDU-Senat propagierten Leitbilds »Metropole Hamburg – Wachsende Stadt« darstellt und mit dem die bislang vernachlässigten Stadtteile südlich der Elbe aufgewertet werden sollen (vgl. Reiherstiegviertel-Spaziergang). 2007 war das Auftaktjahr der IBA, das Jahr 2013 markiert den Höhepunkt und das Finale. Das Präsentationsgebiet erstreckt sich auf die Veddel, Wilhelmsburg und den Harburger Binnenhafen. Befürworter sehen in der IBA eine Chance, die Potenziale des Stadtgebiets südlich der Elbe zu entwickeln, während Kritiker vor allem eine Verdrängung der jetzigen Bevölkerung durch steigende Mieten befürchten.

Bis Ende 2013 kann man sich über die Bauausstellung im IBA-Dock (Abb. rechts) Am Zollhafen 12 auf der Veddel informieren.

IBA-DOCK

ENGAGIERTE WILHELMSBURGER

Bürgerliches Engagement hat eine lange Tradition auf der Elbinsel. In den 1960er und 1970er Jahren setzten sich Bewohner des Stadtteils dafür ein, dass der Westen von Wilhelmsburg als Wohnquartier erhalten bliebe. Dieser sollte nach der Großen Flut von 1962 als Industriefläche ausgewiesen werden (vgl. Reiherstiegviertel-Spaziergang). 1975 luden Gemüsebauern ihren Mist vor dem Hamburger Rathaus ab, um gegen eine geplante Gütertrasse durch den Osten Wilhelmsburgs zu protestieren – mit Erfolg. Anfang der 1980er Jahre fand man auf der

Mülldeponie Georgswerder Dioxin im Sickerwasser. Bürgerinitiativen forderten medizinische Beratung für die Anwohner und erstritten die Entwicklung eines Sanierungskonzepts für den Müllberg. Anfang der 1990er Jahre verhinderte die Initiative »Wilhelmsburger Wut« den Bau einer Müllverbrennungsanlage auf der Elbinsel. Es waren Wilhelmsburger Bürger, die 2001/2002 dem Hamburger Senat eine Zukunftskonferenz abrangen, auf der sie gemeinsam mit Behördenvertretern und Fachleuten Lösungen für die vielfältigen Probleme des Stadtteils erarbeiteten, die in einem sogenannten Weißbuch veröffentlicht wurden. Die Zukunftskonferenz setzte die entscheidenden Impulse für den »Sprung über die Elbe« und damit auch für IBA und igs. Hervorgegangen ist aus ihr der »Verein Zukunft Elbinsel Wilhelmsburg e.V.«, der sich mittlerweile seit über zehn Jahren an der Stadtteilentwicklung beteiligt. Unter anderem engagierte er sich für die Öffnung des Zollzauns am Spreehafen (vgl. Steinwerder/Kleiner-Grasbrook-Fahrradtour) und gegen den Verlauf der Hafenquerspange, einer Verbindungsautobahn zwischen der A7 und der A1, im Norden des Stadtteils. Zuletzt richtete sich die Initiative des Vereins gegen die Verlegung der Wilhelmsburger Reichsstraße, weil diese aus seiner Sicht nur eine Verlagerung des Verkehrsproblems bedeutet. Ein weiterer Akteur ist der »Arbeitskreis Umstrukturierung Wilhelmsburg« (AKU), der sich kritisch mit der Hamburger Stadtentwicklungspolitik auseinandersetzt und vor allem gegen Gentrifizierung kämpft.

3 · KATHOLISCHE ST.-MAXIMILIAN-KOLBE-KIRCHE, KRIETERSTRASSE 9

Eine geschwungene Fassade aus Sichtbeton, die in einen Turm ausläuft, der sich wie eine Spirale gen Himmel windet: Die 1974 fertig gestellte Kirche zählt zu den außergewöhnlichsten Gotteshäusern der Nachkriegszeit in Hamburg (Abb. 5). In ihrer Schroffheit wirkt sie zunächst wenig einladend. Dieser Eindruck wird noch verstärkt durch die von vorn nicht sicht-

5 ST.-MAXIMILIAN-KOLBE-KIRCHE, 1974

bare Seitentür. Auch im Inneren herrscht dieselbe strenge Reduktion vor. Nur ein Kruzifix hängt an der Wand, weitere Gegenstände zur Ausschmückung fehlen. Den Entwurf zeichnete der Architekt Jo Filke aus Bremerhaven, der zahlreiche weitere Gotteshäuser in Norddeutschland realisierte. Eine zweite katholische Kirche war nach der Flutkatastrophe von 1962 (vgl. Reiherstiegviertel- und Kirchdorf-Spaziergang) notwendig geworden, als rund um den S-Bahnhof Wilhelmsburg und in Kirchdorf-Süd (vgl. Kirchdorf-Spaziergang) neue Wohnsiedlungen entstanden. Vor allem Menschen südeuropäischer Herkunft zogen hierher, sodass die St.-Bonifatius-Kirche im Reiherstiegviertel für die anwachsende Schar katholischer Gläubiger bald nicht mehr ausreichte.

Die Kirche trägt den Namen Maximilian Kolbes (1894–1941), eines polnischen Franziskaners, der während des Zweiten Weltkriegs versuchte, Juden vor der Deportation zu retten, und als Märtyrer im Vernichtungslager Auschwitz ermordet wurde. Zu der Kirche gehört ein Alten- und Pflegeheim, das sich auf demselben Grundstück befindet.

Direkt neben der St.-Maximilian-Kolbe-Kirche sehen wir das Haus der Jugend, das 2005 von den Berliner Architekten Kersten + Kopp nach einem Wettbewerb neu gebaut wurde. Zu dem Gebäude gehören eine Klet-

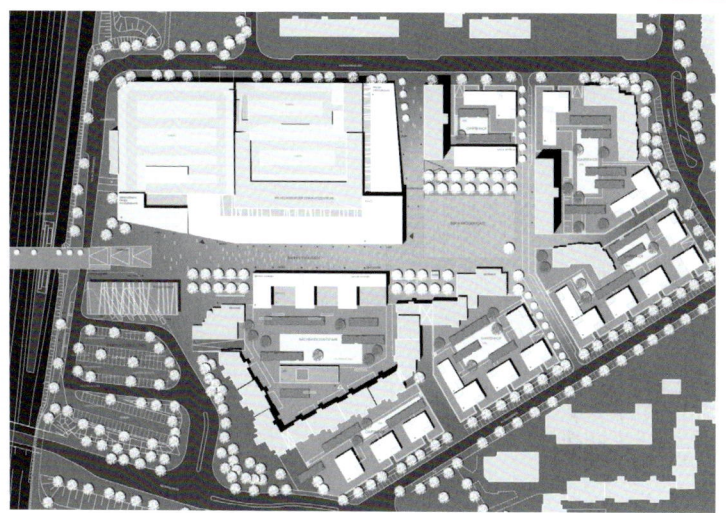

 6 LAGEPLAN BERTA-KRÖGER-PLATZ ZUM STÄDTEBAULICHEN WETTBEWERB

terwand und eine Skaterbahn. 2012 wurde es mit dem Preis des Bundes Deutscher Architekten (BDA) Hamburg ausgezeichnet.

Wir biegen nun links von der Krieterstraße (Richtung S-Bahnhof Wilhelmsburg) in einen Fußweg, der von der Krieterstraße abzweigt und zum Berta-Kröger-Platz führt.

4 BERTA-KRÖGER-PLATZ

Klaffende Baulücken, eingerüstete Gebäude, provisorische Wege: Der Bereich zwischen dem Berta-Kröger-Platz und dem S-Bahnhof ist seit Jahren eine Großbaustelle, die den Wilhelmsburgern einiges abverlangt. Der Berta-Kröger-Platz wurde 2005 zum Sanierungsgebiet. Im Rahmen des Projekts »Sprung über die Elbe« und aufgrund seiner Nähe zu IBA und igs sollte der Ort aufgewertet werden. Die in den 1960er und 1970er

Jahren konzipierte Platzanlage, die sowohl Wohn- als auch Geschäftszentrum ist, wies erhebliche bauliche und funktionale Mängel auf. So wirkten die beiden elfgeschossigen, weithin sichtbaren Hochhäuser verwahrlost, die Grünflächen luden nicht zum Verweilen ein, und die Läden waren vom Fußgängerverkehr abgetrennt. Den städtebaulichen Wettbewerb 2007 gewann das Hamburger Architekturbüro APB (Abb. 6). Zum Sanierungsgebiet gehören zudem die Umgestaltung von Bahnhofspassage und -vorplatz, der Neubau des S-Bahnhofs und der Fußgängerbrücke sowie der Neubau beziehungsweise die »Ummantelung« des Wilhelmsburger Einkaufszentrums. 2016 soll das Projekt abgeschlossen sein. Den Berta-Kröger-Platz, der auch für Marktzwecke genutzt wird, haben relais Landschaftsarchitekten aus Berlin neu gestaltet. Dazu wurden die Bodenbeläge, die Beleuchtung und die Möblierung vereinheitlicht. Im zentralen Teil des Platzes bilden Betonwerksteinplatten die Form der Elbinsel Wilhelmsburg ab. Die Sanierung der beiden Hochhäuser durch das Hamburger Architekturbüro bhl ist bereits beendet. Die SAGA GWG weihte im Oktober 2012 ihre neue Geschäftsstelle am Berta-Kröger-Platz ein.

Wir folgen der Bahnhofspassage Richtung S-Bahnhof und überqueren die Bahntrasse auf der neuen Fußgängerbrücke. Sie ist ein Verbindungsglied zwischen dem Berta-Kröger-Platz und dem neuen Stadtquartier westlich der Bahnlinie. Der Entwurf für das Bauwerk geht auf das Hamburger Architekturbüro Gössler Kinz Kreienbaum zurück (Abb. 7). Auf der rechten Seite sehen wir bereits den markanten Neubau der Behörde für Stadtentwicklung und Umwelt (BSU).

5 BEHÖRDE FÜR STADTENTWICKLUNG UND UMWELT (BSU), NEUENFELDER STRASSE

2007 beschloss der Hamburger Senat unter Bürgermeister Ole von Beust, die BSU von der Neustadt nach Wilhelmsburg zu verlegen. Mit dieser Entscheidung wollte man die Bedeutung des städtebaulichen Projekts »Sprung über die Elbe« unterstreichen und ein sichtbares Zeichen setzen.

7 BEHÖRDE FÜR STADTENTWICKLUNG UND UMWELT UND NEUE FUSSGÄNGERBRÜCKE

Architektonisch ist dies gelungen. Mit geschwungenen Formen, einer in vielen Farben gestalteten Fassade, einer Länge von 200 Metern und einem 13-geschossigen Hauptturm ist das Gebäude ein Blickfang (Abb. 7). Auch im Bereich Energiesparen erfüllt der Neubau hohe Standards. So hat die neue BSU einen Primärenergiebedarf (das heißt einen Energiebedarf, der neben dem Verbrauch auch den Aufwand an Energie bei deren Gewinnung und Verteilung berücksichtigt) von nur siebzig Kilowattstunden pro Quadratmeter, während Büro-Altbauten aus den 1970er Jahren das Vierfache benötigen. Aus diesem Grund ist das Gebäude bereits vor der Fertigstellung von der Deutschen Gesellschaft für Nachhaltiges Bauen mit dem Vorzertifikat in Gold ausgezeichnet worden. Der Entwurf für den großen Baukomplex stammt von dem Berliner Architekturbüro Sauerbruch Hutton, das auch das Umweltbundesamt in Dessau und das Museum Brandhorst in München realisierte.

Rund 1400 Menschen werden hier künftig arbeiten. Neben der BSU finden auch der Landesbetrieb Geoinformation und Vermessung sowie das Stadtmodell Platz in dem modernen Verwaltungsgebäude. Die Behörde mit ihren zahlreichen Mitarbeitern wird sicherlich für Veränderungen im Stadtteil sorgen. Neue Geschäfte und Restaurants werden entstehen, und so manch einer entschließt sich bestimmt, nach Wilhelmsburg zu ziehen.

Übrigens gab es nach dem Regierungswechsel 2011 auch Gegner des Umzugs der BSU. So hätte Hamburgs Umweltsenatorin Jutta Blankau (SPD) das Überseequartier in der Hafencity als Standort bevorzugt.

Wir folgen nun der Neuenfelder Straße und gelangen zu einer Straßenbrücke, auf der die Wilhelmsburger Reichsstraße die Neuenfelder Straße überquert.

6 WILHELMSBURGER REICHSSTRASSE, BRÜCKE

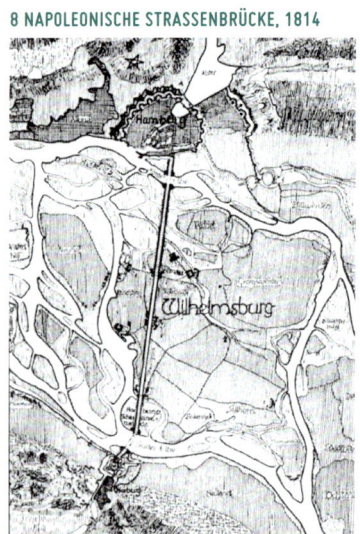

8 NAPOLEONISCHE STRASSENBRÜCKE, 1814

Drei Verkehrsschneisen durchschneiden Wilhelmsburg von Norden nach Süden und zerteilen die Insel in zwei Hälften: die A1 im Osten, die Eisenbahntrasse in der Mitte und westlich von dieser die Wilhelmsburger Reichsstraße. Seitdem Hamburg als Handelsplatz mit dem Beginn des Überseehandels und dem Ausbau des Hafens zunehmend an Bedeutung gewann, wird ein Großteil des Warentransports auf dem Landweg über Wilhelmsburg geführt.

Die erste Verbindungsstraße zwischen Hamburg und Harburg bauten die Franzosen während

9 VERLAGERUNG DER WILHELMSBURGER REICHSSTRASSE (VISUALISIERUNG)

der napoleonischen Besatzungszeit Anfang des 19. Jahrhunderts in nur hundert Tagen (Abb. 8). Die kurze Bauzeit hatte konstruktive Mängel zur Folge, sodass die Anlage bereits 1818 wieder abgebrochen wurde. Rund 130 Jahre später, 1947, wurde die Georg-Wilhelm-Straße eröffnet, die in ihrem Verlauf in etwa der Straße aus der Franzosenzeit entspricht. Die autobahnähnlich ausgebaute Wilhelmsburger Reichsstraße verbindet seit 1951 als Bundesstraße (B4 und B75) Hamburg und Harburg. Sie verläuft parallel zur Georg-Wilhelm-Straße. Die Stadt Hamburg plant seit einigen Jahren, die vierspurige Straße in östliche Richtung neben die Bahntrasse zu verlegen (Abb. 9). Auf diese Weise würden die Trennung zwischen Wilhelmsburg-Mitte und dem Reiherstiegviertel aufgehoben und der Verkehrslärm gemindert. Zudem könnten neue Grünflächen entstehen. Ursprünglich sollte dieses Vorhaben bereits rechtzeitig zu IBA und igs verwirklicht worden sein, doch erwies sich das Projekt bald als zu komplex für eine schnelle Realisierung. Frühester Baubeginn ist derzeit 2013, mit einer Fertigstellung wäre dann nicht vor 2016 zu rechnen. Und nicht nur der »Verein Zukunft Elbinsel e.V.«, der den Ausbau der Wilhelmsburger Reichsstraße zur Stadtautobahn fürchtet und für eine Ringstraße eintritt, richtet sich gegen die Verlegung, auch von anderer Seite kommt Kritik. So schreibt der Pressesprecher der Hamburgischen Architektenkammer, Claas Gefroi, im »Jahrbuch Architektur in Hamburg 2012«, dass mit der neuen Reichsstraße tatsächlich eine Schnellstraße entstünde, die auf einer Länge von fünf Kilometern nur fünf Übergänge besäße. Zudem habe der Korridor von Bahntrasse und neuer Reichsstraße eine Breite von hundert Metern und verstärke damit die Zweiteilung der Elbinsel.

Auf dem Teil der Wilhelmsburger Reichsstraße, der durch das Gelände der igs führt, ist übrigens Flüsterasphalt verlegt worden, damit die Besucher keinem allzu hohen Lärmpegel ausgesetzt sind.

Wir unterqueren jetzt die Wilhelmsburger Reichsstraße und sehen auf der rechten Seite ein rotes Backsteingebäude aus den 1980er Jahren, das an einem kleinen See liegt.

7 BÜRGERHAUS WILHELMSBURG / BARKASSENANLEGER, MENGESTRASSE 20

Seit Mitte der 1980er Jahre ist das Bürgerhaus Wilhelmsburg (Abb. 10) ein wichtiger Ort der Begegnung und kulturellen Bildung. Hier finden Veranstaltungen wie Konzerte, Theateraufführungen und Lesungen statt. Ein breites Angebot von Mal-, Schreib-, Sprach-, Tanz- und Musikkursen steht jedem offen. Träger des Bürgerhauses ist die gemeinnützige Stiftung Bürgerhaus Wilhelmsburg. Sie vermietet zudem Räume für Tagungen, Seminare und Veranstaltungen. Überregional bekannt ist die Einrichtung auch, weil viele Hamburger Parteien hier regelmäßig ihre Parteitage abhalten. Ende 2011 kündigte die Geschäftsführung der Stiftung die mehrjährige Zusammenarbeit mit der IBA Hamburg auf, weil sie mit der von der IBA praktizierten Bürgerbeteiligung nicht einverstanden war. Die

Stiftung warf der IBA vor, sich nicht wirklich für die Belange der Menschen im Stadtteil zu interessieren.

10 BÜRGERHAUS WILHELMSBURG

Seit 2012 verfügt das Bürgerhaus auch über einen Barkassenanschluss. Über die Rathauswettern, den Aßmannkanal, den Ernst-August-Kanal und den Reiherstieg können Barkassen, kleine Schiffe und Boote bis zum Jungfernstieg verkehren. Auf diese Weise ist eine Wasserverbindung vom Hamburger zum Wilhelmsburger Rathaus entstanden. Ermöglicht haben diese die IBA Hamburg und die igs gemeinsam mit dem Landesbetrieb Straßen, Brücken und Gewässer, indem sie die Rathauswettern schiffbar machten, den See am Bürgerhaus vergrößerten und den Barkassenanleger Ulla-Falke-Terrassen bauten.

Wir überqueren die Mengestraße und stehen vor dem Wilhelmsburger Ortsamt.

 WILHELMSBURGER RATHAUS (HEUTE ORTSAMT), MENGESTRASSE 19

»Zur Richtfeier des Rathauses sende ich meine herzlichsten Glückwünsche. Mögen alle in den Kranz gewundenen Erwartungen zum Heil und Segen der gesamten Insel in Erfüllung gehen. Es lebe Wilhelmsburg!« Diese Zeilen telegrafierte Adolf Menge (1856–1917), Wilhelmsburger Bürgermeister zwischen 1903 und 1917, am 27. April 1903 zum Richtfest des

Wilhelmsburger Rathauses, an dessen Teilnahme er verhindert war. Im November desselben Jahres fand die Einweihungsfeier des großen Backsteinkomplexes statt – nach nur elf Monaten Bauzeit (Abb. 11). Zuvor hatten sich die Wilhelmsburger Gemeindevertreter in unterschiedlichen Räumlichkeiten getroffen, so im Wohnhaus eines Gemeinde-Hauptvorstehers und später im Gesellschaftssaal einer örtlichen Bahnhofsgaststätte. Da die Einwohnerzahlen der Elbinsel infolge der Industrialisierung Ende des 19. Jahrhunderts explodierten (vgl. Reiherstiegviertel-Spaziergang), wuchsen auch die Verwaltungsaufgaben der preußischen Landgemeinde und ließen den Wunsch nach einem eigenen Gebäude entstehen. Der Landwirt Nicolaus von Drateln stellte ein Grundstück zur Verfügung, ein weiteres wurde hinzugekauft. Die zentrale Lage in der Mitte Wilhelmsburgs schien bestens geeignet, erwartete man doch, dass rund um das neue Rathaus bald neue Wohnviertel entstehen würden. Doch das Gebäude blieb ein Solitär. Es markierte eine Leerstelle, die fehlende Mitte des Stadtteils. Erst in jüngster Zeit hat es durch die IBA-Häuser in der Straße Am Inselpark Nachbarschaft erhalten.

Die Zeit, in der das neue Rathaus tatsächlich als solches genutzt wurde, währte nur kurz. 1927 erfolgte der Zusammenschluss mit Harburg zur Großstadt Harburg-Wilhelmsburg, 1937 die Eingemeindung nach Hamburg durch das Groß-Hamburg-Gesetz. Bis 2007 diente das ehemalige Rathaus als Ortsamt, heute wird es als Kundenzentrum genutzt. Außerdem sind hier bezirkliche Dienststellen untergebracht. Anfang

11 WILHELMSBURGER RATHAUS, 1903

12 RESTAURANT IM ALTEN WASSERWERK

der 1980er Jahre wurde das neugotische Gebäude durch die Architekten-gruppe Planen & Bauen (heute APB Architekten) erweitert, ein Hamburger Architekturbüro, das sich besonders auf das Bauen im Bestand spezialisiert hat.

Wir gehen nun die Mengestraße zurück in östliche Richtung, unterqueren erneut die Wilhelmsburger Reichsstraße und biegen rechts in die Straße Am Inselpark.

➡ ABSTECHERTIPP A
WASSERWERK, KURDAMM 24

Wer sich ein gelungenes Beispiel für die Umnutzung eines Industrie-denkmals ansehen und vielleicht auch eine kleine Kaffeepause einlegen möchte, folgt der Mengestraße in westliche Richtung, biegt links in die Georg-Wilhelm-Straße, links in die Ziegelerstraße (Verlängerung Peter-

Beenck-Straße) und wieder links in den Kurdamm (eine Strecke von knapp einem Kilometer).

Das ehemalige Wasserwerk befindet sich am Rand des igs-Geländes, direkt am Hauptrundweg der Gartenschau. Nach der igs kann man es auch erreichen, wenn man durch den Park geht. Das heute denkmalgeschützte Gebäude entstand bis 1913 zeitgleich mit dem Wilhelmsburger Wasserturm (vgl. Reiherstiegviertel-Spaziergang). Bis 2008 lieferte es das Trinkwasser für die Elbinsel. Die Hamburger Architekten Stölken Schmidt sanierten die Industriehalle mit der klassizistischen Fassade und den hohen Fenstern energetisch, damit sie dauerhaft als Restaurant genutzt werden kann (Abb. 12). Bauherr war die internationale gartenschau (igs) hamburg 2013, die das Gebäude 2013 als gastronomisches Zentrum nutzt. Das lichtdurchflutete Innere beeindruckt durch eine Raumhöhe von zehn Metern und die filigrane Deckenkonstruktion aus Stahlträgern. Wo früher technische Einbauten waren, steht jetzt ein großer Tresen- und Küchenblock. Zwei der ehemals acht Wassertanks wurden in kleine Separees mit Sofa verwandelt.

Das benachbarte sogenannte Verdüsungsgebäude aus den 1950er Jahren bauten die Architekten für Veranstaltungszwecke um. Seinen industriellen Charme erhält es durch die rostige Patina der Wände, die im Oxidationsprozess der metallischen Bestandteile des zerstäubten Wasser entstand.

INTERNATIONALE GARTENSCHAU (IGS) HAMBURG 2013

Mit der Ausrichtung von Gartenschauen hat die Stadt Hamburg viel Erfahrung. Bereits vor rund 140 Jahren, 1869, fand im heutigen Elbpark, zwischen Stintfang und Millerntor, die erste internationale Gartenbauausstellung Deutschlands statt. 28 Jahre später, 1897, folgte die nächste in den Wallanlagen. Diese wurden im 20. Jahrhundert zum Schauplatz von gleich drei Internationalen Gartenbauausstellungen – 1953, 1963 und 1973. Internationale Gartenbauausstellungen (IGA) werden in Deutschland alle zehn Jahre ausgerichtet. 2001 beschloss der Hamburger Senat, sich für eine IGA im Jahr 2013 zu bewerben. Während die Veranstaltung einer Internationalen Bauausstellung nicht der Zustimmung eines übergeordneten Gremiums bedarf, entscheidet über die Ausrichtung einer IGA der Verwaltungsrat der Deutschen Bundesgartenschau. Dieser gab 2003 grünes Licht. Austragungsort der igs genannten Gartenschau ist Wilhelmsburg, Veranstalter eine GmbH, die zu zwei Dritteln von der Stadt Hamburg und zu einem Drittel

»WELT DER RELIGIONEN«

von der Bundesgartenschaugesellschaft getragen wird. Die igs soll wie die IBA der Aufwertung des Stadtteils dienen.

Das Gelände der igs ist einhundert Hektar groß und befindet sich zwischen der Georg-Wilhelm-Straße im Westen, der Mengestraße im Norden, der Eisenbahntrasse im Osten und der Straße Kornweide im Süden. Ein sechs Kilometer langer Hauptweg führt die Besucher rundum durch achtzig ganz unterschiedlich gestaltete Gärten, die in sieben »Themenwelten«zusammengefasst sind. So erzählen die Gärten in den »Wasserwelten« von Wassermangel und -überfluss, in der »Welt

MONORAILBAHN

der Kontinente« geht es um die Vielfalt der Vegetation und in der »Welt der Religionen« um Ruhe und Einkehr. Auf dem Rosenboulevard im Zentrum der Gartenschau blühen 8000 Rosen – über 200 Sorten. Viele der Schrebergärten, die zuvor auf dem Ausstellungsgelände beheimatet waren, wurden in die igs eingebunden. Die Pächter zeigen ihre Kleingärten, die sie unter Mottos wie »Niederdeutscher Bauerngarten« oder »Meeresidyll« bepflanzten. Im südlichen Teil des igs-Geländes präsentiert der »Landesbund der Gartenfreunde in Hamburg e.V.« unter der Überschrift »Kleingärten – individuelle, gemütliche grüne Oasen« sieben verschiedene Laubentypen und Möglichkeiten der Kleingartengestaltung. In den Blumenschauhallen am Haupteingang haben die Besucher in zwanzig wechselnden Ausstellungen die Gelegenheit, heimische und exotische Pflanzen kennenzulernen. Wer die Blumenpracht von oben erkunden möchte, kann dies von der Gartenschaubahn aus tun, die auf einer Höhe von bis zu sechs Metern über der Erde stündlich durch das Gelände fährt. Ein Ziel der igs ist es, den Wilhelmsburgern die Ausstellungsfläche nach Ablauf der igs als Freizeit- und Erholungspark zu übergeben.

Wie an der IBA gibt es auch an der igs Kritik, denn für die Gartenschau wurde in einige Naturflächen eingegriffen, darunter auch Biotope. Über 2000 Bäume wurden gefällt und 4000 Meter Hecke entfernt. Für die Lärmschutzwand musste eine große Fläche trockengelegt werden. Außerdem waren rund 200 Pächter gezwungen, ihre langjährigen Schrebergärten aufzugeben, weil sich diese auf dem igs-Gelände befanden. Allerdings bekamen sie Ersatzparzellen, wie auch die Naturflächen und Biotope, die der Ausstellung weichen mussten, durch Maßnahmen wie die Anlage neuer Naturreservate im Osten der Elbinsel ersetzt werden sollen. Naturschützer bezweifeln allerdings, dass dies ausreichend ist.

Bis Ende 2013 kann man sich über die Gartenschau im igs-Zentrum Am Inselpark 1 informieren. Im selben Gebäude zeigt die IBA eine Ausstellung zu dem Projekt »Wilhelmsburg Mitte«.

9 BAUAUSSTELLUNG IN DER BAUAUSSTELLUNG, AM INSELPARK

In der »Bauausstellung in der Bauausstellung«, so der Titel, will die IBA Hamburg mit vier verschiedenen Bautypen das Wohnen von morgen zeigen. Mit den »Smart Material Houses« werden neuartige Baumaterialien wie Mikroalgen oder Textilien als Fassadenelemente getestet, während bei

13 IGS-ZENTRUM

den »Smart Price Houses« die Kostenreduktion im Vordergrund steht. Die »Hybrid Houses« sind Häuser, die sich flexibel, für Wohn- und für Arbeitszwecke, nutzen lassen. Die »WaterHouses« schließlich thematisieren das Bauen mit und auf dem Wasser. Insgesamt sind auf einer Fläche von etwa sechs Hektar rund 130 Wohnungen entstanden.

Das igs-Zentrum Am Inselpark 1 ist in einem der drei sogenannten »Hybrid Houses« untergebracht. Nägeliarchitekten aus Berlin realisierten das viergeschossige Gebäude nach einem Wettbewerb (Abb. 13). Das Gebäude wurde in eine Warft integriert, die das Erdgeschoss bildet, in der sich die Ausstellungsflächen befinden. Nach 2013 sollen sich die Räume recht einfach in große und kleine Büro- und Gewerbeeinheiten aufteilen lassen. In den Obergeschossen, die sich über der Warft erheben, ermöglicht ein Raumkonzept aus verschiedenen Modulen eine Nutzung aus Wohnen und Arbeiten. Die Warft wurde zudem in die Wärmeversorgung

14 VISUALISIERUNG »SOFT HOUSE«

einbezogen. Mittels einer Wärmepumpe kann dem Erdreich im Winter Energie entnommen und im Sommer wieder zugeführt werden. Für das Energiekonzept wurde das igs-Zentrum von der Gesellschaft für Nachhaltiges Bauen mit dem Gütesiegel in Silber ausgezeichnet.

Neben dem igs-Zentrum steht ein weiteres »Hybrid House« (Am Inselpark 3). Aufgrund der modularen Bauweise sollen sich die 16 Einheiten des Gebäudes ohne großen Aufwand sowohl zum Wohnen als auch zum Arbeiten nutzen lassen. Die Besonderheit ist, dass jede der Wohnungen, überwiegend Maisonetten, Tageslicht aus allen vier Himmelsrichtungen erhält. Realisiert haben das Gebäude die Hamburger Architekten Kleffel Papay Warncke nach einem Entwurf des Büros Brandlhuber + NiehüserS aus Berlin.

Wir gehen nun die Straße Am Inselpark weiter, die hier eine Linkskurve nimmt. Auch das Haus mit der Holzfassade (Am Inselpark 6) auf der rechten Seite folgt den Prinzipien der flexiblen Nutzung. Hier sind

15 VISUALISIERUNG »SMART IST GRÜN«

die Bereiche Wohnen und Arbeiten aber voneinander getrennt. Auf der Ostseite befinden sich die Büro- und Gewerbeeinheiten, auf der Westseite die Wohnungen. Das würfelartige Gebäude geht auf einen Entwurf des Hamburger Büros Bieling Architekten zurück.

Wir folgen der Straße und sehen auf der linken Seite ein Beispiel für ein »Smart Material House«, das »Soft House« (Am Inselpark 5) des Architekturbüros Kennedy & Violich aus Boston (Abb. 14). Hier fällt vor allem die Textilfassade ins Auge. Durch sie können die Bewohner den Lichteinfall und die Aussicht regulieren. In die Textilfassade integrierte Photovoltaik-Zellen erzeugen Energie. In das Gebäude sind vier dreigeschossige Wohnhäuser eingebaut. Das »Soft House« ist in Vollholzbauweise errichtet worden, was zu einer Reduktion von CO_2 führen soll.

Auf Holz setzten auch die Architekten der Stuttgarter architekturagentur. Sie errichteten das benachbarte Gebäude, das wir se-

16 »CASE STUDY HAMBURG«

hen, wenn wir in die Straße links hinter dem »Soft House« einbiegen. Das fünfgeschossige Wohnhaus »Woodcube« (Am Inselpark 7) besteht fast vollständig aus unbehandeltem Holz. Auch Böden, Decken und Wände in den acht Wohnungen des »Woodcube« sind aus Holz. Ziel war es, ein Gebäude zu errichten, das keine Treibhausgase emittiert und vollständig biologisch recycelbar ist.

Auch das Gebäude neben dem »Woodcube«, das sogenannte »Smart ist Grün« (Am Inselpark 9) der Münchner Architekten zillerplus, gehört zu den »Smart Material Houses« und weist eine gute Ökobilanz auf (Abb. 15). Es soll sogar mehr Energie erzeugen, als seine Nutzer verbrauchen. Hierfür sorgen insbesondere die Fassaden. Ein Vorhang aus PCM (Phasenwechselmaterialien) speichert die Sonnenwärme und gibt sie bei kälteren Temperaturen wieder ab. Im Süden schützen Fassadenelemente aus Pflanzen vor Wärme. Photovoltaik- und Solarthermieflächen an den Außenwänden und auf dem Dach sorgen zudem für Energiegewinnung.

Gegenüber dem »Smart ist Grün« befindet sich mit dem »Grundbau und Siedler« (Am Inselpark 11) ein Haus aus der Reihe »Smart Price Houses«. In diesem Gebäude des Kölner Architekturbüros BeL Sozietät sollen die Bewohner die Möglichkeit haben, ihre Wohnungen nach eigenen Bedürfnissen zu errichten. Dazu gehört auch die Gestaltung der

17 VISUALISIERUNG »WATERHOUSES«

Grundrisse. Gestellt wurden lediglich die Konstruktion, die tragenden Decken und die Anschlüsse für die Gebäudetechnik.

Auch beim benachbarten »Case Study Hamburg« (Am Inselpark 13, Abb. 16) konnten die späteren Nutzer Einfluss auf die Grundrisse nehmen. Das Gebäude zählt ebenfalls zu den »Smart Price Houses« und wurde von planpark architekten aus Hamburg nach einem Entwurf des Londoner Architekturbüros Adjaye Associates errichtet.

Aus 45 Quadratmeter großen Modulen können die Bewohner des daneben stehenden »Case Study #1 Hamburg« (Am Inselpark 15) ihre Wohnungen zusammensetzen. Die Hamburger Architekten Fusi & Ammann entwarfen dieses Fertighaus, das auch in die Rubrik »Smart Price Houses« fällt und von jeder Wohnung aus Zugang zu Garten und Dachterrassen gewährleistet.

Das Haus mit der grünen Fassade, das sogenannte »Biq« (Am Inselpark 17), gehört wiederum in die Kategorie »Smart Material House«. Das kubische, fünfgeschossige Gebäude ist nicht nur ein Wohnhaus, sondern auch ein Bioreaktor, zumindest was die Fassade betrifft. Der Südwest- und

der Südostfassade sind weitere gläserne Fassadenelemente vorgelagert, in denen Mikroalgen zur Energieerzeugung und Lichtsteuerung gezüchtet werden. Die Algen produzieren durch Photosynthese und Solarthermie Biomasse und Wärme. Mit der Wärme lässt sich das Haus beheizen, die Biomasse wird andernorts in Biogas umgewandelt. Der Entwurf für das ungewöhnliche Gebäude stammt von Splitterwerk aus Graz.

Wenn wir nun der Straße Am Inselpark folgen, sehen wir auf der rechten Seite, direkt am Eingang zur igs, in einem 4000 Quadratmeter großen Wasserbecken die sogenannten »WaterHouses« (Am Inselpark 10, 12, 14, 16, 18, Abb. 17). Zu dem Gebäudeensemble gehören vier dreigeschossige Wohnhäuser und ein neungeschossiger Wohnturm. Die Hamburger Architekten Schenk + Waiblinger thematisieren hier das Wasser als Gestaltungselement, aber auch im Hinblick auf seine ökologische Qualität. Die Gebäude wurden im Passivhaus-Standard errichtet und von der Deutschen Gesellschaft für Nachhaltiges Bauen e.V. mit dem Vorzertifikat in Gold ausgezeichnet.

10 EINGANGSKOMPLEX AM INSELPARK, KURT-EMMERICH-PLATZ

Unser Weg führt nun weiter die Straße Am Inselpark entlang. Auf der rechten Seite steht die Inselparkhalle (Kurt-Emmerich-Platz 10-12), die ein Schwimmbad und eine Sporthalle unter einem Dach vereinigt. Letztere wird 2013 von der igs für Blumen-Ausstellungen genutzt. Im Anschluss soll bis 2017 der Ausbau zu einer bundesligatauglichen Basketballhalle erfolgen. Den Entwurf für die große Anlage lieferten das Münchner Architekturbüro Allmann Sattler Wappner und bs2architekten aus Hamburg.

Auf der linken Seite sehen wir das »Wälderhaus« (Am Inselpark 19) des Hamburger Büros Andreas Heller Architects & Designers (Abb. 18). Wie beim »Woodcube« findet hier Holz als Fassadenmaterial und in der Gebäudestruktur Verwendung. Die oberen drei Geschosse bestehen vollständig aus Massivholz. Die Schutzgemeinschaft Deutscher Wald hat in

dem Haus eine se-
henswerte Ausstel-
lung eingerichtet,
die Informationen
rund um das Thema
Wald bietet. Außer-
dem sind in dem
Gebäude ein Hotel
und ein Restaurant
untergebracht.

Direkt neben
dem »Wälderhaus«
befindet sich ein

18 VISUALISIERUNG »WÄLDERHAUS«

Seniorenzentrum (Neuenfelder Straße 33 und 33A) mit 140 Plätzen für
pflegebedürftige Wilhelmsburger. Außerdem soll in das Gebäude, das
feddersenarchitekten aus Berlin realisierten, eine Kindertagesstätte ein-
ziehen.

Gegenüber dem Seniorenzentrum stehen zwei Wohnhäuser (Kurt-
Emmerich-Platz 4 und 6), deren Holzfassaden aus vorgefertigten Elementen bestehen, die sich schnell montieren lassen. Die Gebäude, die
jeweils 14 Eigentumswohnungen enthalten, wurden von den Berliner Architekten Kaden + Klingbeil entworfen. Daneben befindet sich das Haus
der InselAkademie (Kurt-Emmerich-Platz 2), für das das Münsteraner
Architekturbüro Bolles + Wilson die Pläne zeichnete. Das Haus ist ein
Gemeinschaftsprojekt der IBA Hamburg, der igs und des Vereins »Sport
ohne Grenzen e.V.«. Letzterer unterstützt Kinder und Jugendliche mit
sport- und freizeitpädagogischen Angeboten. Das Haus der InselAkademie bildet eine Einheit mit dem neungeschossigen Ärztehaus (Neuenfelder Straße 31), das von denselben Architekten entworfen wurde. Beide
Gebäude haben eine vorgehängte Fassade aus Keramik. Das Ärztehaus bietet Platz für Arztpraxen, eine Apotheke und andere Gesundheitsdienste.
In den beiden oberen Etagen befinden sich vier Maisonette-Wohnungen.

CAFÉS / RESTAURANTS

Die Kochburg
Bürgerhaus Wilhelmsburg
Mengestraße 20
www.foodforfriends.de
→ *Kochkurse für Kinder, Mittagstisch und Catering*

Refugium
Am Inselpark 20 (Nordwandhalle)
www.nordwandhalle.de
→ *Burger, Pasta und Sandwiches*

Wasserwerk
Kurdamm 24
www.restaurant-wasserwerk-wilhelmsburg.de
→ *Café und Restaurant mit schönem Ambiente*

Wilhelms
Wälderhaus
Am Inselpark 19
www.waelderhaus.de / wilhelms /
→ *Frühstück, Mittagstisch und Kuchen*

EINKAUFEN

Wochenmarkt
Berta-Kröger-Platz
→ *dienstags vormittags und freitags bis 17:30 Uhr*

HOTELS

Raphael Hotel
Wälderhaus
Am Inselpark 19
www.waelderhaus.de / hotel /
→ *82 Zimmer im Holz-Design*

FREIZEIT / SPORT

Basketballhalle
(Inselparkhalle)
Kurt-Emmerich-Platz 10–12
www.sportohnegrenzen.de
→ *ab 2014 Drei-Feld-Sporthalle, ab 2017 bundesligatauglich*

Haus der Jugend Kirchdorf
Krieterstraße 11
www.hdjkirchdorf.de
→ *»Boddy Raum«, Kletterwand und Skater-Rampe*

Neues Schwimmbad Wilhelmsburg
(Inselparkhalle)
Kurt-Emmerich-Platz 10–12
www.baederland.de
→ *vier Wasserflächen für Sport- und Freizeitschwimmer*

Nordwandhalle
Am Inselpark 20
www.nordwandhalle.de
→ *Klettern für Jung und Alt*

KULTUR

Bürgerhaus Wilhelmsburg
Mengestraße 20
www.buewi.de
→ *breites Kurs- und Veranstaltungsangebot für alle Altersgruppen*

Science Center Wald
Wälderhaus
Am Inselpark 19
www.waelderhaus.de / science-center
→ *Antworten auf die Frage »Was ist Wald?«*

SOZIALES / NON-PROFIT

Haus der Insel-Akademie
Kurt-Emmerich-Platz 2
www.sportohnegrenzen.de
→ *betreutes Wohnen sowie Fortbildungs- und Qualifizierungsmaßnahmen für Jugendliche*

Schülerhilfe
Hamburg-Wilhelmsburg
Krieterstraße 18
http://nachhilfe.schuelerhilfe.de/hamburg-wilhelmsburg/
→ *Einzel- und Gruppenunterricht sowie Ferienkurse*

Finkenwerder

- Adi Albershardt: Als Finkenwerder noch Insel war, Hamburg 1981.
- Matthias Donath: Hamburg 1933–1945. »Führerstadt« an der Elbe. Ein Architekturführer, Petersberg 2011.
- Kurt Wagner: Deutsche Werft. 50 Jahre Handelsschiffbau in der Weltspitze, hrsg. v. Kulturkreis Finkenwerder e.V., Bremen 2008.
- Kurt Wagner: Die Geschichte der Elbinsel Finkenwerder, Erfurt 2006.
- Kurt Wagner: Inselleben. Finkenwerder im Wechsel der Gezeiten, Erfurt 2009.

Steinwerder / Kleiner Grasbrook

- drunter oder drüber. elbquerungen gestern und heute. Broschüre zur Ausstellung im Staatsarchiv Hamburg 2002, Hamburg 2002.
- Oliver Driesen: Welt im Fluss. Hamburgs Hafen, die HHLA und die Globalisierung, Hamburg 2010.
- Freihafen Hamburg: 1888 – 1988. Eine gemeinsame Informationsschrift der Behörde für Wirtschaft, Verkehr und Landwirtschaft und der Oberfinanzdirektion Hamburg, Hamburg 1988.
- Hamburg maritim, hrsg. v. Claus Strunz, Hamburg 2010.
- Industriekultur und Arbeitswelt an der Wasserkante. Zum Umgang mit Zeugnissen der Hafen- und Schiffahrtsgeschichte. Arbeitshefte zur Denkmalpflege in Hamburg Nr. 11, Hamburg 1992.
- Ralf Lange/Henning Rademacher: Hafenführer Hamburg, Hamburg 1999.
- Andreas Meyhoff: Blohm & Voss im »Dritten Reich«. Eine Hamburger Großwerft zwischen Geschäft und Politik, Hamburg 2001.
- Holmer Stahncke: Der Hamburger Hafen von 1820 bis heute, Szene Hamburg Geschichte, Hamburg 2011.
- www.hamburg-port-authority.de
- www.stiftung-hamburg-maritim.de

Veddel

- Stefan Bülow: Rothenburgsort, Veddel im Wandel in alten und neuen Bildern, Hamburg 1992.
- Iris Groschek: Die Veddel und wir. Eindrücke aus der SPD Veddel, Norderstedt 2007.
- Hamburg und seine Bauten 1918–1929: mit Altona, Wandsbek und Harburg-Wilhelmsburg, hrsg. v. Architekten- und Ingenieurverein zu Hamburg, Hamburg 1929.
- Hamburg und seine Bauten 1929–1953, hrsg. v. Architekten- und Ingenieurverein e.V., Hamburg 1953.
- Hermann Hipp: Wohnstadt Hamburg. Mietshäuser zwischen Inflation und Weltwirtschaftskrise, Hamburg 2009 (NA).

- Gordon Uhlmann: Die Veddel – Stadtentwicklung im Fluss. Von der Weideinsel zum Wohn-quartier zwischen Hafen und Industrie, in: Wilhelmsburg. Hamburgs große Elbinsel, hrsg. v. Geschichtswerkstatt Wilhelmsburg Honigfabrik e.V., Museum Elbinsel Wilhelmsburg e.V., Hamburg 2008, S. 59–80.
- www.coolbricks.eu
- www.iba-hamburg.de

Kirchdorf
- Heinz Aschenberg / Gerhard Kroker: Sturmfluten und Hochwasserschutz in Hamburg, Hamburg 1992.
- Sigrun Clausen: Wer baut ein Haus? Wer verkauft die Milch? Und wem gehört der Deich? Soziale, wirtschaftliche und hierarchische Strukturen einer vorindustriellen Inselgemein-schaft, in: Wilhelmsburg. Hamburgs große Elbinsel, hrsg. v. Geschichtswerkstatt Wilhelms-burg Honigfabrik e.V., Museum Elbinsel Wilhelmsburg e.V., Hamburg 2008, S. 7–26.
- Hermann Keesenberg: Wilhelmsburg. Die Insel der Gegensätze, Ammersbek 1989.
- Ernst Reinstorf: Geschichte der Elbinsel Wilhelmsburg, Hamburg 2003 (NA).
- Reiseführer Kirchdorf, hrsg. v. Schülerinnen und Schülern der Gesamtschule Kirchdorf, Hamburg 2003.
- Dirk Schubert/Hans Harms: Wohnen am Hafen, Hamburg 1993.
- Stadterneuerung Wilhelmsburg S3 Kirchdorf-Süd, hrsg. v. Freie und Hansestadt Hamburg – Behörde für Bau und Verkehr, Hamburg 2003.

Reiherstiegviertel
- Angela Dietz: Fremdarbeiter, Gastarbeiter, Einwanderer – Migration in Geschichte und Gegenwart, in: Wilhelmsburg. Hamburgs große Elbinsel, hrsg. v. Geschichtswerkstatt Wil-helmsburg Honigfabrik e.V., Museum Elbinsel Wilhelmsburg e.V., Hamburg 2008, S. 97–111.
- Anne Frühauf: Fabrikarchitektur in Hamburg. Arbeitshefte zur Denkmalpflege in Hamburg Nr. 10, Hamburg 1991.
- Barbara Günther: Von Gemeinnutz und Eigenheim – Die Entwicklung des Wohnungsbaus in Wilhelmsburg, in: Wilhelmsburg. Hamburgs große Elbinsel, hrsg. v. Geschichtswerkstatt Wilhelmsburg Honigfabrik e.V., Museum Elbinsel Wilhelmsburg e.V., Hamburg 2008, S. 81–95.
- Hildebrand Henatsch: Kirchengemeinden in Wilhelmsburg – herausgefordert durch die industrielle und gesellschaftliche Entwicklung, in: Wilhelmsburg. Hamburgs große Elbinsel, hrsg. v. Geschichtswerkstatt Wilhelmsburg Honigfabrik e.V., Museum Elbinsel Wilhelmsburg e.V., Hamburg 2008, S. 127–139.
- Margret Markert: Eine Insel wird zum Industriegebiet – Portrait des Reiherstiegviertels, in: Wilhelmsburg. Hamburgs große Elbinsel, hrsg. v. Geschichtswerkstatt Wilhelmsburg Honig-

fabrik e.V., Museum Elbinsel Wilhelmsburg e.V., Hamburg 2008, S. 40–58.
• Helga Schmal / Tobias Selke: Bunker. Luftschutz und Luftschutzbau in Hamburg, Hamburg 2001.
• www.alt-wilhelmsburg.de
• www.iba-hamburg.de

Wilhelmsburg-Mitte
• Architektur in Hamburg. Jahrbuch 2012, hrsg. v. der Hamburgischen Architektenkammer, Hamburg 2012.
• Denkschrift zur Einweihung des Rathauses in Wilhelmsburg am 28. November 1903, Reprint, Hamburg 2003.
• Eine starke Insel mitten in der Stadt. Bürgerengagement in Wilhelmsburg und auf der Veddel als Motor der Stadtentwicklung, hrsg. v. Zukunft Elbinsel Wilhelmsburg e.V., Hamburg 2012.
• IBA Hamburg. Katalog zur Zwischenpräsentation 2010. Projekte und Konzepte, Berlin 2010.
• www.iba-hamburg.de
• www.igs-hamburg.de

Allgemeine Literatur
• Hamburg: 20 Stadtteil-Spaziergänge, Junius Verlag in Zusammenarbeit mit Stattreisen Hamburg e.V., Hamburg 2012.
• Hamburg. Von Altona bis Zollenspieker. Das Haspa-Handbuch für alle Stadtteile der Hansestadt, Hamburg 2002.
• Hermann Hipp: Freie und Hansestadt Hamburg. Geschichte, Kultur und Stadtbaukunst an Elbe und Alster, Köln 1976.
• Ralf Lange: Der große Architekturführer. Über 1000 Bauten in Einzeldarstellungen, Hamburg 2008.

Einleitung Staatsarchiv Hamburg / Baubehörde Hamburg – Vermessungsamt
Chronik Staatsarchiv Hamburg / Baubehörde Hamburg – Vermessungsamt
Leute Abb. *Albert Ballin*: Hapag-Lloyd AG, Hamburg, Konzernkommunikation; Abb. *Gorch Fock*: aus: Gorch Fock, Sämtliche Werke, Verlag M. Glogau Jun., 1916; Abb. *Karsten Gollnick*: privat; Abb. *Wolfgang Göttsche*: privat; Abb. *Kurt Wagner*: privat; Abb. *Marcus Wiebusch*: Ingo Pertramer
Exkurse *Künstler in Finkenwerder (S. 16)* »Carl Puvogel, ›Die Elbe bei Finkenwärder‹, 1911«: Staatsarchiv Hamburg; *Schiffs- und Flugzeugbau in Finkenwerder* (S. 35) »Blick ins Dock, um 1960«: Staatsarchiv Hamburg; *Internationale Bauausstellung (IBA) Hamburg* (S. 161) »IBA-Dock«: IBA Hamburg GmbH / Martin Kunze; *internationale gartenschau (igs) hamburg 2013* (S. 174) »Monorailbahn«: internationale gartenschau hamburg 2013 gmbh / Intamin; »Welt der Religionen«: internationale gartenschau hamburg 2013 gmbh / Andreas Bock
Finkenwerder: www.hamburg-bildarchiv.de: Abb. 3, 4, 11, 18, 23; Junius Verlag: Abb. 2; Christin Springer: Abb. 7, 10, 12, 14–16, 21, 26–30; Staatsarchiv Hamburg: Abb. 1, 5, 6, 8, 9, 13, 17, 19, 20, 22, 24, 25, 31
Steinwerder / Kleiner Grasbrook: aus Freihafen Hamburg 1888–1988, Infoschrift der Behörde für Wirtschaft: Abb. 6, 7; aus Hafen von Hamburg im Bild. Aufnahmen von Prof. Dr. h.c. Schmidt + Otto Kofahl, 1908: Abb. 30; ralf buscher photography: Abb. 19; www.hamburg-bildarchiv.de: Abb. 9, 14, 29; Hamburg Port Authority: Abb. 3–5; Ekkehard Lauritzen: Abb. 15; Christin Springer: Abb. 13, 16, 17, 20, 21, 23, 28; Staatsarchiv Hamburg: Abb. 1, 2, 8, 10–12, 18, 22, 26, 27; Stiftung_Hamburg_Maritim: Abb. 24, 25
Veddel: Denkmalschutzamt Hamburg: Abb. 13, 17; Karsten Gollnick: Abb. 3; www.hamburg-bildarchiv.de: Abb. 8, 19; Hapag Lloyd AG, Hamburg, Auswandererhallen, Mein Feld ist die Welt: Abb. 18, 20, 21; IBA Hamburg GmbH / Martin Kunze: Abb. 6, 7; Christin Springer: Abb. 2, 9, 11, 14–16; Staatsarchiv Hamburg: Abb. 1, 4, 5, 10, 12
Kirchdorf: aus Ernst Reinstorf, Geschichte der Elbinsel Wilhelmsburg, Zukunft Elbinsel Wilhelmsburg e.V., S. 137: Abb. 15; aus Reiseführer Kirchdorf, hg. von Schülerinnen und Schülern der Gesamtschule Kirchdorf, Hamburg 2003: Abb. 2, 3; Baubehörde Hamburg – Lichtbildnerei, aus: Heinz Aschenberg, Gerhard Kroker: Sturmfluten und Hochwasserschutz in Hamburg, S. 25: Abb. 19; www.alt-wilhelmsburg.de: Abb. 12, 13, 14; Fotoarchiv Behörde für Bau und Verkehr: Abb. 5; Behörde für Stadtentwicklung und Umwelt (BSU), Hamburg: Abb. 4; Geschichtswerkstatt Wilhelmsburg: Abb. 7; www.hamburg-bildarchiv.de: Abb. 9, 17; IBA Hamburg GmbH / Martin Kunze: Abb. 23; Landesbildarchiv Hamburg: Abb. 20; Merian (Museum Elbinsel): Abb. 16; Museum Elbinsel Wilhelmsburg: Abb. 11; Christin Springer: Abb. 6, 8, 10, 18; Staatsarchiv Hamburg: Abb. 1, 21; Wilhelmsburger Windmühlenverein e.V.: Abb. 22
Reiherstiegviertel: aus Archiv der Kirchengemeinde St. Bonifatius, Wilhelmsburg (www.alt-wilhelmsburg.de / katkirche.htm): Abb. 22; aus Privatarchiv Ulrich Krieter (www.alt-wilhelmsburg.de / katkirche.htm): Abb. 23; aus: Reinstorf, E., Geschichte der Elbinsel (www.alt-wilhelmsburg.de): Abb. 19; www.hamburg-bildarchiv.de: Abb. 7–10, 14, 20, 21; IBA Hamburg

190 GmbH/Martin Kunze: Abb. 12, 15–18; Junius Verlag: Abb. 5; Meyer Fleckenstein Architekten Stadtplaner, Hamburg: Abb. 4; Museum Elbinsel Wilhelmsburg, Archiv (Peter Beenk): Abb. 1, 2, 11, 13, 24; Wolfgang Neeb: Abb. 3; Staatsarchiv Hamburg: Abb. 6

Wilhelmsburg-Mitte: APB Architekten: Abb. 6; bof architekten: Abb. 3; Bürgerhaus Wilhelmsburg: Abb. 10; Geschichtswerkstatt Wilhelmsburg: Abb. 5, 11; IBA Hamburg GmbH: Abb. 9; IBA Hamburg GmbH/Hochtief Solutions AG formart Hamburg/Visualisierung: moka studio: Abb. 17; IBA Hamburg GmbH/Kennedy & Violich Architecture, Boston: Abb. 14; IBA Hamburg GmbH/Martin Kunze: Abb. 4, 7, 13, 16; IBA Hamburg GmbH/Nicola Maier-Reimer: Abb. 1; IBA Hamburg GmbH/zillerplus, München: Abb. 15; Museum Elbinsel Wilhelmsburg: Abb. 8; Staats- und Universitätsbibliothek Hamburg Carl von Ossietzky: Abb. 2; jochen stüber objektfotografie: Abb. 12; Studio Andreas Heller Architects & Designers, Hamburg/IBA Hamburg GmbH/Johannes Arlt: Abb. 18

In Einzelfällen konnten die Inhaber der Bildrechte nicht ermittelt werden. Die Rechteinhaber bitten wir, sich an den Verlag zu wenden. Ihre Rechte werden hiermit ausdrücklich anerkannt.

Ich danke Jens Germerdonk und Christian Dahl für die anregende Unterstützung.

CHRISTIN SPRINGER absolvierte eine Ausbildung zur Buchhändlerin und studierte Geschichte, Kunstgeschichte und Neuere deutsche Literatur in Hamburg. Sie beschäftigt sich seit vielen Jahren mit Hamburgs Stadtgeschichte und -entwicklung und arbeitet als freie Korrektorin, Lektorin und Autorin.